ELIETE GOMES

SUPERAR O LUTO PELA FÉ

*Experimentar o amor de Deus
na maior de todas as dores*

EDITORA
SANTUÁRIO

Direção editorial	Pe. Fábio Evaristo R. Silva, C.Ss.R.
Conselho editorial	Ferdinando Mancilio, C.Ss.R.
	Gilberto Paiva, C.Ss.R.
	José Uilson Inácio Soares Júnior, C.Ss.R.
	Marcelo da Rosa Magalhães, C.Ss.R.
	Mauro Vilela, C.Ss.R.
	Victor Hugo Lapenta, C.Ss.R.
Coordenação editorial	Ana Lúcia de Castro Leite
Copidesque	Sofia Machado
Revisão	Bruna Vieira da Silva
Diagramação	Bruno Olivoto

**Dados Internacionais de Catalogação na Publicação (CIP)
de acordo com ISBD**

G633s	Gomes, Eliete
	Superar o luto pela fé: experimentar o amor de Deus na maior de todas as dores / Eliete Gomes. - Aparecida, SP: Editora Santuário, 2020.
	88 p. ; 14cm x 21cm.
	Inclui índice e anexo.
	ISBN: 978-85-369-0622-5
	ISBN: 978-65-5527-086-0 (e-book)
	1. Cristianismo. 2. Fé. 3. Luto. 4. Amor. 5. Deus. 6. Dor. I. Título.
2019-2257	CDD 240
	CDU 24

Elaborado por Vagner Rodolfo da Silva - CRB-8/9410

Índice para catálogo sistemático:
1. Religião: Cristianismo 240
2. Religião: Cristianismo 24

3ª impressão

Todos os direitos reservados à **EDITORA SANTUÁRIO** – 2023

Rua Pe. Claro Monteiro, 342 – 12570-045 – Aparecida-SP
Tel.: 12 3104-2000 – Televendas: 0800 0 16 00 04
www.editorasantuario.com.br
vendas@editorasantuario.com.br

ACEITO CONTINUAR MINHA VIDA...

"Enquanto eu puder respirar vou viver, porque sei que na mesma caixa de surpresas, de onde tirei minhas lágrimas e lembranças tristes, poderei também encontrar as surpresas e consolações que a vida pode trazer enquanto eu estiver vivo, desde que esteja atento aos milagres cotidianos, que esteja preparado para recomeçar e, principalmente, que não me sinta mais culpado por ser feliz depois das lágrimas derramadas, já que tanto as alegrias quanto as tristezas podem e devem ser recebidas como dádivas..."

Pe. Rogério Augusto Neves

APRESENTAÇÃO

Os filhos no Céu...

Parece ser muita pretensão supor e afirmar que os filhos que morreram precocemente, só por isso, estejam no céu. Não é isso que significa. Trata-se de uma esperança fundada em uma fé e que se torna a razão para que muitos pais, que choram seus filhos, encontrem forças para continuar sua vida depois de um trauma incurável, como a perda de um filho. Quem não está na pele desses pais não sabe do que se trata e, dificilmente, terá sensibilidade para aceitar as reações, aparentemente, exageradas ou intempestivas deles, que teimam em ficar falando de seus filhos falecidos. Existem muitas críticas e incompreensões. Muitas pessoas chegam a dizer que se trata de uma alienação o cultivo do prolongamento de um luto, que deveria ter prazo de validade. Tais incompreensões são as razões que podem dar a certeza de que um pai e uma mãe, na mesma situação, encontrarão a compreensão necessária para continuar seus dias. Alguns dizem que esses pais deviam ser felizes e olhar para frente, porque a vida continua. Mas não é assim que funciona. Esses pais não conseguem mais acreditar que possam ser felizes. Eles consideram que, para eles, a felicidade seja uma injustiça. Não lhes parece normal sorrirem para os outros, quando dentro deles, teimosamente, habita uma tristeza. Para eles a alegria não condiz com a realidade. "Às margens dos rios da

6

Babilônia, nós nos sentávamos chorando, lembrando-nos de Sião. Nos salgueiros daquela terra, penduramos, então, nossas harpas, porque aqueles que nos tinham deportado pediam-nos um cântico. Nossos opressores exigiam de nós um hino de alegria: 'Cantai-nos um dos cânticos de Sião'. Como poderíamos nós cantar um cântico do Senhor em terra estranha? Se eu me esquecer de ti, ó Jerusalém, que minha mão direita se paralise! Que minha língua se apegue ao palato, se eu não me lembrar de ti, se não puser Jerusalém acima de todas as minhas alegrias" (Sl 137). Até a consolação parece inadequada: "Ouve-se em Ramá uma voz, lamentos e amargos soluços. É Raquel que chora os filhos, recusando ser consolada, porque já não existem" (Jr 31,15). Um filho não se torna bom só porque morreu. Mas um filho não deixa de ser filho só porque não é bom. Filho é filho! Na Escritura, depois que Davi teve a notícia de que seu filho, Absalão, que tinha se tornado seu inimigo, fazendo-lhe guerra e tentando destroná-lo, tinha sido morto de maneira até jocosa, quando esperavam que o rei festejasse a morte de seu inimigo, ele chorou amargamente e não se conformava com a morte de seu filho. "Então o rei estremeceu, subiu para a sala acima da porta e caiu em pranto. Dizia entre soluços: 'Meu filho Absalão! Meu filho, meu filho Absalão! Por que não morri em teu lugar? Absalão, meu filho, meu filho!'" (2Sm 19,1). Somente os pais entendem essa lógica! Um filho não tem bondade ou maldade. Um filho não precisa ser bom para ser filho!

O Grupo Filhos no Céu

O grupo começou a existir quando, depois do longo itinerário de doença da jovem Renata Daniela, que culminou em sua morte, ocorrida em verdadeiros sinais de santidade, amor a Deus e ao próximo, seus familiares, especialmente sua mãe Regina, sentiam um enorme impulso para ajudar as pessoas que viessem a passar pela mesma dura experiência que ela e seu marido, Rodolfo, tinham passado. Na condição de pároco, ouvia esse seu desejo e procurava incentivar, porque parecia um impulso divino, uma verdadeira inspiração. Um dia, de modo muito inesperado, e nem me lembro por meio de quais buscas, encontrei na internet o site da associação *Figli in Cielo* (Filhos no Céu) e me pareceu que tinha a mesma inspiração que a Regina estava tendo. A associação foi fundada por Andreana Bassanetti, psicóloga italiana que perdeu sua filha, Camila, para o suicídio, e depois de muitas dores e experiências criara um grupo para pais que perderam seus filhos, buscando a superação do luto pela fé, por meio de uma espiritualidade na consolação uns dos outros. Falei do que havia encontrado para Regina, que concordou que era isso que desejava e, depois de alguns contatos com a fundadora italiana, e seguindo suas orientações, iniciamos essa caminhada tão bonita.

Eliete

Trata-se de uma leiga que recebeu um dom muito específico. Ela não é mãe. Nunca perdeu um filho. Mas sentiu-se tocada pela dor daqueles que passam por isso. Não é simplesmente uma voluntária. Não está unicamente ajudando os outros. É uma pessoa que mergulhou no Coração de Deus, que sempre nos impulsiona a amar como Ele ama e a sair à procura daqueles que de nós precisam. Ela não foi convidada por ninguém. Ela mesma nos procurou! Seguia uma própria busca interior, seu interesse pelo grupo vinha de seu coração. E ela nos encontrou e sentiu que era para ali que Deus a encaminhava. Seu caminho interior é muito pessoal. O negócio dela é com Deus e não com os homens. Acho que fui o canal de contato inicial entre ela e o grupo, mas não tenho muita certeza. Depois disso, ela e os pais do grupo se encontraram em uma tão perfeita sintonia, a ponto de parecer que ela é mais uma daquelas mães que acorrem ao grupo para buscar conforto e, ao mesmo tempo, existe uma isenta compreensão, que parece que ela foi enviada para trazer a eles alguma palavra extraordinária e adequadamente preparada para ajudar os que lutam com o sofrimento. Seu dom de sensibilidade faz dela uma escritora, ou talvez, uma salmista da vida, que sabe colocar nas linhas não apenas ideias, mas experiências de vida. Isso porque se trata de uma presença discretíssima, tão modesta quanto autêntica e eficiente.

Creio que a soma desses elementos (os pais enlutados, o Grupo *Filhos no Céu* e a Eliete) poderá ser um pouco conhecida nas páginas que se seguem. Não saberia imaginar a quantos estas páginas poderão encontrar, mas estou muito seguro do quanto poderão atingir o coração daqueles que precisam

8

encontrar forças na fé e na solidariedade para continuarem sua vida, apesar da condição de serem como que *"órfãos de filhos"*, também como se fossem seguidores da Mãe das Dores, Maria Santíssima, que aos pés da cruz, ao mesmo tempo, ofereceu-nos seu próprio Filho, que de sua parte no-la ofereceu como Mãe da Consolação.

Pe. Rogério Augusto das Neves

INTRODUÇÃO
O DESAFIO DA FÉ NO LUTO

Ter um filho no céu é a certeza de termos vivido algo doloroso, que é se despedir de seu corpo humano. Isso é tarefa árdua para uma mãe e um pai. Nesse momento, a história da maternidade ou paternidade foi escrita de maneira inversa, os filhos se foram, despediram-se e não voltaram. Pensando na maternidade, descobrimos o natural dessa nossa natureza tão cheia de amor, que é o dom de ser mãe. Não nos ensinaram como ter o leite e, mesmo assim, damos ele como alimento a nosso filho; é inerente a nós, veio como dom na função de ser mãe. Não nos ensinaram como aconchegar o bebê recém-nascido em nossos braços, porém, em nosso primeiro impulso, lá está o instinto materno, acolhendo e dando segurança. Não nos ensinaram a como nos comportar quando o bebê mexer em nosso ventre, mas, em seu primeiro movimento, nossa alegria é automática, expande nosso ser, e dali já amamos incondicionalmente. Na maternidade e na paternidade nada foi de fato ensinado, foi tudo advindo com nossa própria natureza humana. Quando os filhos nascem, temos a certeza de que nascemos para dar a vida a eles. Perguntamo-nos: Onde eles estavam? Pois não conseguimos mais viver sem a importância dessa presença e do dom dessa vida. Isso é a força do amor que moveu todo o nosso ser para amarmos quem acabou de entrar em nossa vida.

10

Eles não fizeram nenhuma gracinha para conquistar nosso coração; é um amor mágico, amor de quem cria, amor de quem dá a vida, amor gratuito. Por amor, o dom de sua vida modificou as escritas de nossa história. O filho é dom de vida, que chega de forma ampla para a plenitude de qualquer ser humano. O filho é dom perfeito, que estabelece a dimensão do amor maior. E o que seria de nossa vida se eles não tivessem passado por nós? Ah! Ser mãe ou ser pai é padecer no paraíso, e que venham os padecimentos, porque o amor nos faz suportá-los. Mas, quando nos deparamos com a despedida definitiva nesta vida, chega o mais forte dos padecimentos. Ninguém nos ensinou o que fazer, e nesse sentido, sabemos que ninguém nos ensinará, que nossa linda natureza humana, maternal, paternal, não se conformará, não.

Não há como esquecer um filho, não há como não chorar quando ele se vai, não há como não sentir a dor da saudade, mas, com as lembranças, vamos nos apegando a uma história diferente. Vamos aprendendo a viver de uma nova maneira. Mas a grande verdade é que gostaríamos de viver como vivíamos antes, com nossos filhos próximos. Queremos poder tocar neles, colocá-los em nosso colo. Queremos poder conversar e seguir com eles, festejando, celebrando suas vitórias e conquistas; vê-los realizando seus sonhos e poder enxugar suas lágrimas nos encalços do mundo. Apenas queremos, pois nada disso podemos mais fazer.

Procuramos respostas, temos várias questões. Perguntas que chegam a nosso mais íntimo ser, chegam a nós de todos os lados, dentro de nosso coração saudoso. Não sabíamos que tínhamos tanta capacidade de fazer perguntas. E, algumas delas, muitos estudiosos não se atrevem a responder.

O que fazer então? Deixemos a fé responder.

A primeira expressão que utilizamos quando nosso filho parte para o céu é dizer que o perdemos. Sentimento desastroso, que angustia nossa alma, entristece o coração. O inverso do que a natureza nos apresenta aconteceu, o jovem precedendo os mais velhos: nossos filhos nos precederam no céu.

Não sabemos em quem colocar a culpa e, muitas vezes, colocamos em nós mesmos, testemunhos que damos e vão na contramão da fé.

Porém, é nessa dor que aprendemos a revitalizar nossa ESPERANÇA. A ESPERANÇA só existe em nós, porque cremos na

VIDA ETERNA. É, na verdade, um grande salto na fé o que promovemos em nosso coração, quando estamos diante da difícil missão que é ter um filho no céu. Começamos a mudar o verbo; não perdemos, não. Despedimo-nos por um período. Machuca-nos não sabermos por quanto tempo ficaremos afastados de nosso filho, que partiu, mas pela ESPERANÇA tudo é provisório.

Enfim, se trocamos o verbo perder pelo despedir, é porque confiamos fielmente em outro Verbo, confiamos no Verbo que Encarnou, fez-se presente, fez-se humano, habitou em nosso mundo e ficou conosco. Bendito o Emmanuel, o Deus Conosco, que veio, restaurou nossa relação com o Pai e encheu nossa vida de ESPERANÇA, quando ressuscitou. Deus Pai reconcilia em Cristo todos que estão no céu e na terra (Cl 1,19).

É na dor que aprendemos a revitalizar nossa ESPERANÇA e com ela aprendemos o valor da vida atual; com a dor, percebemos a importância que tem a vida, assim, damos um passo de cada vez, e para cada dia sua própria preocupação (Mt 6,34). Apegamo-nos à ESPERANÇA e seguimos um caminho que nos leva à eternidade. Ficamos desejosos de conhecer o Reino de Deus e, assim, consolidamos em nós a força do amor que vive aqui e na eternidade.

Um pai e uma mãe que têm filhos no céu e vivem na fé sabem o verdadeiro significado de Deus, o Deus Pai que nos consola, Autor da vida e de todos os dons. Deus nos ensina que a ESPERANÇA pode ser vivida na carne, quando, no agudo da dor, nosso físico se revigora, fazendo-nos levantar a cada tombo que a dor da saudade nos provoca. É Deus que vem em nosso auxílio, conhece nosso íntimo e nos "toma pela mão, guiando-nos em sua providência, até que em sua glória nos receba" (Sl 73,23-24).

Passamos a ser coparticipantes do céu (pois ter um filho ou alguém que amamos no céu é ser participante, aqui e da eternidade); vivemos a experiência do amor eterno, do amor que se renova pela razão única de ser amor. Ter um filho no céu é viver o amor incondicional no mais puro de sua essência. Não recebemos nada em troca, nem olhares do filho, mas continuamos a amá-lo incondicionalmente. Não desejamos que tenha um futuro bom, que realize seus sonhos, apenas sentimos saudade e desejamos que sejam cumpridas suas novas missões diante da presença íntima de Deus.

12

Temos filhos no céu, um exército à Salvação, intercedendo pelas pessoas que amam e aqui ficaram cumprindo a dura tarefa de serem humanos. Acreditamos nisso e isso nos conforta; isso nos faz acreditar que podemos um dia esperar pelo desejoso abraço eterno.

Há algo em comum a todos os filhos que precederam seus pais no céu: eles são especiais, construíram sua morada no céu de maneira mais ágil. Podemos dizer, então, que eles foram por vontade de Deus? Não, isso não nos cabe. Até porque, muitas vezes, a forma como eles partem não nos garante que essa era a vontade de Deus. Mas aprendemos, a duras penas, que Deus transforma qualquer mal em bem (Gn 50,20), então, a força de nossa fé, advinda do Amor de Deus, faz-nos acreditar que temos filhos no céu, em missão. Mistério da fé, ao qual desejamos apenas nos entregar com amor e saudade.

Assim, nossas orações têm caminho certo, são para eles e por eles; pedimos ao Pai Eterno sua proteção a eles, pedimos suas intercessões, pois nossos filhos estão na estrada concreta da eternidade, não vivem a fé, vivem a clareza do amor de Deus (2Cor 5,7), em completa união com o Pai.

"A fé é uma adesão pessoal, do homem todo, a Deus que se revela"[1] e, com a retirada de nossos filhos de nosso convívio físico e carnal, encontramos no amor fortificado na fé e na ESPERANÇA uma forma nova de viver. Não nos distanciamos da saudade, mas caminhamos em um vale que vai clareando conforme nossa fé no amor vai estabelecendo a cada dia uma união mais fraterna com o Pai que ama, dá-se a nós, enviando seu Filho, o Verbo, para que todos que a Ele ouvir e nele crer tenham a vida eterna (Jo 3,16).

Este livro foi escrito à base de muitas lágrimas, ou melhor, à base de muito sangue, porque o coração sangra, quando a saudade chega. A partida de alguém que amamos é uma ferida, que só se fechará quando a vida eterna nos abraçar.

Caro leitor, você perceberá que este livro está dividido em duas partes: na primeira falaremos como a morte nos leva à ressurreição, como o luto nos leva à superação e como a dor nos leva ao amor; na segunda, trazemos os testemunhos dos pais do Grupo de Reflexão Filhos no Céu, que falam e lembram de seus filhos, que partiram rumo ao céu.

---

[1] FONTE: http://www.vatican.va/archive/cathechism_po; Profissão de fé, Capítulo terceiro, Adesão de fé, 176.

I
GRUPO DE REFLEXÃO
FILHOS NO CÉU

1. Uma família nascida segundo a misericórdia de Deus

Em setembro de 2009, iniciou-se o Grupo Filhos no Céu, com uma celebração de partilha cheia de emoção. Já se foram 10 anos desde a primeira reunião. Mas, afinal, o que é o GRUPO DE REFLEXÃO FILHOS NO CÉU? Poderíamos dizer que é um Grupo de Apoio que se reúne com pais que perderam seus filhos. Mas nos atrevemos e vamos muito mais além, e além-mundo, vamos às portas da eternidade: O Grupo Filhos no Céu é uma família, constituída sob a vontade de Deus, que em sua infinita misericórdia dá aos pais, que entregam seus filhos de volta para Ele, um pouco de consolação e um pedaço do céu aqui na terra, quando estão reunidos para falar do amor que sentem por quem partiu.

Nossas experiências com o eterno são constantes. Atrevemo-nos a dizer que vivemos além da crença, porque tudo em nossos encontros com quem partiu e está com Deus é concreto. Não duvidamos, pois vivemos na certeza de que nossos filhos estão bem, estão felizes e intercedem por nós.

| 4

As razões para suas partidas são humanamente explicadas, mas misteriosamente divinas, o que nos auxilia a não responder os "porquês" e sim buscar ações para saber "como" passar pelo luto. E, com o passar do tempo, percebemos que tudo vem em forma de dom; dom da força, da gratuidade, da vida, do amor e do ficar em pé, como fez Nossa Senhora, diante da cruz. O tempo nos ensinou que é preciso um passo por dia para seguir em frente, rumo ao encontro eterno. Nenhuma mãe e nenhum pai, ao pensar sobre o filho que partiu, pensa que não valeu a pena ter tido ele em sua vida. Até porque a vida com o filho tem um sabor diferente e torna-se vazia se não parar, por um momento, para agradecer o dom de ter tido um filho que viveu consigo, independentemente de quanto tempo durou essa convivência. E, cada pai e mãe, ao olhar o amor que sente, é possível também agradecer a história e o amor que viveu.

Nossos encontros são mensais e, por muitas vezes, ouvi pais e mães testemunharem que, ao seguirem para as reuniões do grupo, se prepararam como se fossem visitar o filho ou a filha que está no céu. As missas têm um tom especial. Fala-se sobre a dor da saudade e sobre o amor que ficou, e, na celebração, fala-se também da Ressurreição de Cristo, razão de toda a nossa esperança. Após a Celebração Eucarística, realizamos a reunião com partilha, um momento de fé, de entrega, de desabafo e consolação.

Não saímos ilesos desse encontro, pois não estamos ensimesmados, estamos prontos para ouvir o outro; esvaziamos nosso ego para ouvir a dor do outro e abrimos espaço para acolher cada um como irmão ou irmã, sem pensar que se trata de uma competição; ninguém tem uma dor maior do que a do outro. A dor de perder um filho é A MAIOR DOR DO MUNDO. É DESUMANA.

Quanto a mim, Eliete Gomes, como fui conhecer o Grupo Filhos no Céu?

Em 2 de novembro de 2009, dois meses após o início do dia que se inaugurou o Grupo Filhos no Céu, na diocese de São José dos Campos, renasceu em mim um desejo de auxiliar, de forma espiritual e emocional, pessoas que sofrem com a dor do luto. Isso porque, 20 anos antes desse dia, lembro-me, com clareza, quando assisti a uma aula de literatura sobre o escritor português Camilo Castelo Branco, que ao saber que Teófilo Braga, seu desafeto, havia "perdido" dois filhos, ficou tão solidário com a dor dele que escreveu um texto chamado "A Maior Dor do Mundo". Essa aula ressoa em minha missão até os dias atuais. Mais tarde, senti na pele e no coração o que é ver alguém que amamos despedir-se de uma filha. Desde então, essa dor, que não é minha, passou a ser compartilhada comigo. Em setembro de 2010, iniciei minha participação no Grupo de Reflexão Filhos no Céu. No período todo que estou com eles, toda vez que entro em reunião com os pais e as mães, que têm filhos no céu, minha pergunta é: "O que devo fazer aqui, Senhor?" E a resposta é sempre a mesma, um silêncio profundo e um coração aquecido; então a Graça de Deus se manifesta e tudo se transforma em um pedaço do céu. Sim, o Reino do céu está próximo, bem próximo. Amor, Consolação e Redenção são as palavras que definem a dinâmica de nossas celebrações e partilhas.

O caminho para enfrentar o luto da saudade chama-se fé, qualquer outra forma é mais dolorida e pesada. Mesmo diante do desafio de não compreender o que se passa, ficamos mais leves quando a morte de um filho passa a ser vista como nossa própria redenção diante dos males que assolam o mundo. Enfrentamos a nós mesmos para conseguirmos passar como luzeiros pelo calvário. Como diz Santo Inácio de Loyola: "Para mudar o mundo é preciso mudar a si mesmo". Não se pretende mudar o mundo quando se tem um filho no céu, mas o mundo muda para nós e precisamos mudar nosso interior para continuarmos a caminhar por esta vida.

Ao longo do tempo, fui encorajada a falar mais da morte. Para falar dela e do luto, aprendi que é preciso não ter receio, nem pesar; o peso fica por conta da saudade. Podemos fazer com que tudo fique mais leve com o olhar da fé e até nomear os eventos relacionados à morte:

Perder: ninguém perde ninguém, pois todos somos de um único Pai. Deus Pai é nossa essência, o Pai que Jesus apresenta como sendo universal. Uma mãe não perde seu filho, ela o devolve para Deus, que é essência de AMOR em nós.

Morrer: ninguém morre. Pela fé, cremos que a pessoa parte deste mundo.

16

Diante do luto das mães e dos pais do Grupo FILHOS NO CÉU, percebi que tudo sobre a vida muda, transforma-se: expectativas, frustrações, orgulho, medo ou, até mesmo, o fracasso caem do alto de seu valor e se tornam inúteis, porque o luto nos faz ganhar uma nova percepção sobre a vida; tornamo-nos capazes de enxergar que a vida é breve e que é preciso aproveitar essa brevidade, pois somos frágeis e podemos partir a qualquer momento, e, muitas vezes, podemos partir sem cumprir nossa missão.

Em um desses momentos em que o luto do outro doeu em mim, padre Rogério Augusto, diretor espiritual em São José dos Campos, fez-me entender que o dom da vida não está no tempo de sua duração, mas sim na intensidade de sua passagem. Assim, continuo aprendendo, com a dor da saudade, que o viver intensamente, como me pediu padre Rogério, é um puro desafio que ganha significado quando nos entregamos à gratuidade. Felicidade e gratidão são sentimentos proporcionalmente ligados, independentemente dos acontecimentos.

2. Renatinha, a essência da missão do Grupo Filhos no Céu

Falar do Grupo Filhos no Céu, sem citar a fé da Renatinha, seria como olhar para um copo de água, sem poder tocar enquanto se morre de sede. Sim, a Renatinha é a essência do grupo.

Renata Daniela Araújo, filha de Regina Célia Araújo e Rodolfo Araújo, recebeu, no dia 25 de maio de 2005, o diagnóstico de uma grave doença: Linfoma de Hodgkin, um tipo de câncer que se origina no sistema linfático. Nesse dia, Renatinha chorou com sua família; foi seu único choro.

Em 15 de janeiro de 2007, Renatinha partiu para o céu, com apenas 17 anos e seis meses. Desde o dia que Renatinha ouviu o diagnóstico, a Regina, sua mãe, diz que ela recebeu, diretamente das mãos de Deus, graça e força necessárias para enfrentar o que passou.

Foram quase dois anos de luta e de muita presença de Deus. Ao ler e ouvir sobre a vida de Renatinha, percebemos que há um mistério entre uma filha convidada para voltar para o céu e a vida física. Ela confortava todos com um sorriso, que a Regina chama de celestial. E, confesso, em todas as fotos dessa jovem, ela está com um sorriso armado de força, esperança, amor e entrega à vontade de Deus; não há tristeza nem dor. Seu sorriso não me parece muito comum.

Exatamente como o Cristo confiou em Deus na cruz e se entregou (Jo 19,30), assim fez Renatinha, pois sua confiança em Deus era sobrenatural. Com 15 anos, ela começou a enfrentar uma doença com um testemunho cheio de coragem e uma fé amadurecida. E ela dava esperança a todos que com ela se encontravam.

Regina, mãe da Renatinha, ao final da missão de sua filha neste mundo, sentiu uma necessidade de repartir o amor e procurou saber como poderia ajudar outras pessoas. Ela diz que:

Nasceu no coração o desejo de nos unirmos a outras famílias que também viveram a mesma dor e dar consolo a elas, já que Deus, desde o início, consola-nos. Aprendemos que o amor existe para ser partilhado, não guardado, escondido dentro do coração. Demos vida a um Grupo de Reflexão, "Filhos no Céu", na diocese de São José dos Campos, no Brasil, inspirado nos encontros que acontecem na Itália, na Associação "Figli in Cielo", com a ajuda do padre Rogério Augusto, que, desde o início, esteve a nosso lado e, gentilmente, foi em busca de informações e orientações. Assim pudemos apresentar a nosso bispo esse desejo, e, após sua aprovação, iniciamos os encontros, dia 19 de setembro de 2009. Durante os encontros, as partilhas das diversas experiências nos trazem serenidade ao coração. Muitas mães chegam prostradas pela dor, mas, aos poucos, vão encontrando consolação. A paz enche nosso coração, que, novamente, se abre para o amor de Deus. Não existe outro caminho. Se tentarmos percorrer outro caminho ou se o percorremos sozinhos, correremos o risco de viver no desespero e na angústia, e de viver sentimentos que não provêm do coração de Deus. Encontrar-nos tem sido um dom de Deus para nós; sentimo-nos já como uma grande família, a "família dos filhos que estão no céu". Louvamos a Deus pela comunhão que existe entre nós "famílias" e os "Filhos no Céu" não só em nossa diocese, mas em todas as outras espalhadas pelo mundo. Louvado seja Nosso Senhor, Jesus Cristo!

3. A experiência do amor de Deus na maior de todas as dores
Por Regina Araújo, mãe da Renatinha

Cada vez que tentamos avançar na compreensão da vida e dar um passo em direção ao crescimento espiritual, geralmente, envolvemo-nos em algum tipo de "dor": separação, solidão, doença, desemprego, dificuldades variadas, e, sobretudo, a perda de um filho, uma filha ou um ente querido. O sofrimento no decorrer da vida é inevitável, seja por motivos pequenos ou superiores a nossa força. Qualquer dor, física ou emocional, significa sofrimento certo. Um machucado, uma doença, o rompimento de um relacionamento, a perda de alguém querido, enfim, cada motivo pode gerar a dor em intensidades diversas. Os fatos e motivos podem ser os mesmos, mas cada pessoa reage de forma única, de acordo com sua visão da vida e com sua espiritualidade.

A dor da perda de um filho, uma filha ou um ente querido é a maior de todas as dores. Ela tira de nós as expectativas para o futuro; tira nosso chão e acaba com os nossos objetivos de vida. Essa dor nos desafia espiritualmente. É um exercício imenso de nossa fé.

É nesse momento que verdadeiramente provamos nossa fé e amor ao Deus que, por toda a nossa vida, afirmamos amar. Ter fé enquanto tudo está tranquilo não exige muito. Mas ter fé, diante da partida de um filho, uma filha ou um ente querido, isso, sim, requer muito esforço!

É nessa hora que descobrimos a dimensão de nossa fé. É nessa hora também que, se abrirmos nosso coração, fazemos a maior experiência do amor de Deus.

Experimentamos a presença na ausência. Presença de Deus na ausência de nossos filhos e entes queridos. E isso faz toda a diferença!

A despedida, nesse caso, ultrapassa nosso entendimento humano. Embora cada um tenha sua história, todos nós sabemos que essa imensa dor gera uma saudade incontrolável. Essa saudade pode gerar sentimentos diversos. Podemos, por meio dela, relembrar momentos de felicidade intensa e transformá-la em doces recordações ou dar um mergulho no vazio, no desespero que consome e atormenta. A diferença é a direção que damos a ela. Tudo vai depender de como enfrentamos a situação.

O processo de acolhimento do sofrimento é formado por várias etapas. Qualquer resposta que damos, em um primeiro momento, à situação de sofrimento, pode ser mudada com o tempo, pois pouco a pouco vamos colocando as coisas no lugar, e a visão do sofrimento, que até então pode estar muito turva, vai ficando clara novamente.

Aos poucos, a paz chega em forma de aceitação, que vai tomando conta de nosso coração e vamos aprendendo a olhar a vida com mais serenidade.

E não é o "pouco" ou "muito" sofrimento que delimita o tempo da aceitação. Pelo contrário, é nosso olhar para ele.

A maior de todas as dores pode nos conduzir ao caminho do eterno ou pode nos paralisar e nos afastar do amor de Deus.

A decisão é um ato de livre-arbítrio. Não é fácil, talvez nem tenhamos forças em um primeiro momento, portanto devemos, humildemente, buscar a ajuda necessária em Deus, nos familiares e nos amigos.

A vida precisa ser vivida, mesmo que o coração esteja esmagado pela dor.

A saída, às vezes, está, primeiramente, em "silenciar", acolher no coração, mesmo sem entender, sem ter as respostas a tantas perguntas que invadem nosso interior, e depois, aos poucos, permitir-se retomar a vida com um olhar mais maduro e mais voltado para o que realmente importa.

Olhar a vida, com suas alegrias e tristezas, conquistas e derrotas, mas certos de que essa dor, a maior de todas, aproxima-nos de Deus, capacita-nos para enfrentarmos as surpresas da vida e assumirmos a grande missão chamada SOLIDARIEDADE.

Quem passa por tamanho sofrimento consegue ajudar com serenidade um outro irmão que sofre. Entende verdadeiramente que é "consolando que se é consolado". É a partir disso que poderemos dar uma resposta de fé e coragem, assumindo a missão, percebendo que é preciso "combater o bom combate" (2Tm 4,7) para poder, ao final, receber das mãos de Deus a coroa da vida eterna e o prêmio do reencontro com nossos filhos e entes queridos.

Cada pessoa é única, com seu jeito, sua personalidade, sua formação, porém alguns problemas e situações, pelos quais cada pessoa passa, parecem ser os mesmos de outras pessoas, ou seja, "mudam apenas de endereço". O filho nasce, cresce e sai de casa para estudar, trabalhar, casar e, como tratamos neste livro, para viver no céu. Nunca nos preparamos para a despedida de um(a) filho(a). Quando isso acontece, percebemos que não estávamos preparados para esse momento, nem pensamos nele sequer um minuto de nossa vida. Essa dor tira nossas forças, arranca nosso chão e nos deixa desfalecidos, olhando para a vida sem saber o que fazer dali para frente. Desejamos que a vida pare, entretanto, não é isso que acontece. A vida segue em frente, o trabalho continua, os compromissos precisam ser cumpridos e a rotina retomada.

A perda por si só é um processo doloroso, e mais difícil ainda é enfrentar a perda de um(a) filho(a). Apesar de todo o esforço, o vazio que ficou pode ser profundamente devastador. Entramos no delicado processo do luto.

Quando o sofrimento chega, geralmente, tornamo-nos frágeis, vulneráveis, às vezes, paralisados, e isso nos impede de acolher os frutos que dele brotam. O sofrimento nos aproxima de Deus, tornando-nos mais sensíveis, mais abertos para as "coisas do alto" e para a dor de nossos irmãos.

Estamos neste mundo de passagem. Só Deus conhece nosso tempo. A cada um de nós Deus chama de uma forma, com uma determinada missão. E uma não é mais importante do que a outra, pelo contrário, tudo deve ser visto no contexto em que se vive ou se viveu.

Deus constantemente nos dá sinais de seu amor, de seu cuidado e zelo para conosco, mas a dor nem sempre nos possibilita acolher todo esse cuidado.

Quando o sofrimento vier, precisamos abrir algumas "janelas" para podermos ver, além de nossa dor, a dor de nosso irmão. Essa é a dinâmica da vida: dar e receber. Amar e ser amado. Consolar e ser consolado. E é também no consolo do irmão que encontro meu consolo.

À medida que sofremos, especialmente quando um(a) filho(a) ou ente querido parte desta vida, à medida que choramos, à medida que passamos por esse sofrimento, tornamo--nos capazes de cumprir o mandamento de Jesus: "Amai-vos uns aos outros como eu vos amei".

E, à medida que percebemos e sentimos nossas limitações e nossos temores, aprendemos também a nos abandonarmos em Deus, em sua providência paterna, que, aos poucos, nos ensina que o amor é divino, é forte e é eterno. E esse amor partilhado opera milagres, cura feridas, torna-se meio de salvação.

Por isso, percorrendo esse caminho da dor pela saudade de um(a) filho(a) ou ente querido, que nos antecedeu no céu, Deus quer que dele nos aproximemos, que sejamos solidários, que bebamos da "fonte da água da vida", e juntos experimentemos o amor que não morre, mas se transforma em vida eterna. O luto passa por vários estágios. Nem sempre vivemos todos, mas geralmente passamos por algum deles. Há momentos de imensa tristeza, de profundo silêncio, de questionamentos e reflexões. Aos poucos, a dor se acalma e vamos colocando as coisas no lugar. Vamos percebendo que é preciso seguir em frente, mesmo que estejamos machucados e com o coração despedaçado.

Nunca mais seremos os mesmos, essa é a verdade, mas isso não quer dizer que seremos piores, ao contrário, poderemos nos tornar pessoas melhores.

O sofrimento pode nos paralisar ou nos ensinar, depende de como o acolhemos. A aceitação do sofrimento nos permite um crescimento em todos os sentidos. Não significa que seremos indiferentes ou frios diante da dor, mas podemos fazer da dor um instrumento para nosso crescimento. A superação só se dá a partir de um longo processo; isso não significa esquecimento ou que não sentiremos dor quando lembrarmos. Superar significa apenas aceitar e continuar. Já que não podemos mudar a situação, podemos mudar a maneira como a enfrentamos.

Aceitar não é desistir; pelo contrário, é estar aberto para a vida, é enfrentá-la com todas as suas dificuldades e todos os seus desafios. É dar um salto na fé e deixar Deus agir. É seguir em frente, mesmo não tendo respostas para todos os nossos questionamentos. É tomar consciência de que, embora a saudade esteja sempre presente em nossa vida, poderemos ainda assim ser felizes. Afinal, Deus providenciou pessoas maravilhosas para estarem a nosso lado. Não é justo ignorar esse amor e virar as costas para as graças que Deus nos concede diariamente.

Aceitar é confiar infinitamente em Deus e entregar o comando de nossa vida para Ele. O luto vivido pela fé gera a esperança, e ela nos faz crer que, ao final de nossa missão, reencontraremos nossos filhos na glória de Deus. Eles estão em Deus e com Deus. Nosso amor foi transformado no céu. Essa é a vitória da cruz: o amor é mais forte que a morte.

Obrigado, Senhor, por ser um Deus ressuscitado,
que posso anunciar, ao qual me posso agarrar, ao
qual me posso apoiar. E quando não houver mais
esperança nenhuma de vida, então se destaca
em toda a luminosidade sua ressurreição e vida.
(Lambert Noben, m.o.)

4. A dor do luto na inversão de ter um filho no céu

O luto é aquele sentimento que nos desafia todos os dias.
Não se trata apenas de um tempo de sete fases, sete passos, ou
algo assim; trata-se de algo individual, personalizado, que tem
relação com nossa interação com quem partiu e, também, com
nós mesmos.

Sabemos que o luto é a consequência do amor que sofre
ao ver uma pessoa amada partir; a morte é a consequência
natural da vida. Com um tempo próprio, o luto tem o nome e o
sobrenome de quem está vivendo a tristeza de ver quem ama
partir. Para o luto, as frações do tempo não significam nada. Os
dias, meses e anos não têm outra função, a não ser a de coin-
cidir com o calendário; isso para quem vive do lado de fora do
luto. Para quem está dentro, não existe calendário, mas existem
duas pessoas, que unidas transformaram-se em uma, a pessoa
que aqui ficou e a pessoa que para o lado da vida eterna se foi.
Unimo-nos a ela e assim nos tonarmos uma.

Nesse sentido, podemos nos fazer uma pergunta provoca-
dora e ousada: O que temos de bom que pode nos proteger
da morte e do luto? Há algo em nós que nos indica que somos
melhores do que quem passa por isso? Fiquemos com a resposta silenciosa e individual.

Perder um filho é uma inversão na natureza. Como foi dito
uma vez: um parto às avessas. As dilatações e contrações partem do coração e depois tomam conta do corpo inteiro. Todos
os músculos, nervos e ossos doem; uma dor desumana. Com
essa dor intensa vem ainda um desejo de expulsar tudo o que
há em nosso ser para fora. Uma pressão física, mental, senti-
mental, espiritual, enfim, todas as dimensões humanas ficam
comprometidas.

Ao presenciar um filho partir para o céu não há palavra capaz de exprimir um único sentimento, como também, não há o
que defina esse luto, essa perda. Com o vazio que ficou, somos

capazes de sentir a orfandade de nós mesmos. Deixamos de ter um filho sem deixarmos de sermos pais. E, assim, deixamos de ser nós mesmos.

Perdemos a identidade, a referência, um tanto da personalidade, perdemos até quem temos por perto e, além de tudo, ainda há a força dos sentimentos, tais como impotência, incompletude, vazio, solidão, tudo isso somado à tristeza, angústia, e, até mesmo, os sinais físicos disso tudo, como as ânsias e náuseas que sentimos. Não, não é fácil, e não há pessoa neste mundo que mereça essa dor. Não há pecado neste mundo, que justificaria viver a tristeza de ver um filho partir, e não há tempo de convívio com ele, que explicaria a intensidade da saudade.

Tudo é muito intenso e é vivido muito em torno de uma vida presente. Porque somos, por um tempo, incapazes de lembrar de que éramos felizes, e de que a alegria havia sido companheira.

Ficamos tão envolvidos em nossa dor, que nos esquecemos do dia em que celebramos o nascimento daquele filho; ficamos tristes, perdemos a noção do tempo e até esquecemos de tantos outros momentos felizes e vividos com ele.

E não pensem que desejamos respostas, longas ou curtas, nesse momento. Não. O que desejamos são respostas advindas do eterno, esperamos que Deus venha nos dizer tudo o que está acontecendo. E, só ao longo do tempo, vamos notando que nosso humano busca o sentido de todos os acontecimentos com o eterno, apenas com o eterno, nem que seja apenas para compreender. Porém, ver um filho partir traz-nos, quase que imediatamente, a necessidade de também viver no céu.

O luto é triste, sombrio, frio, solitário; o luto faz-nos caminhar milhas por um deserto árido em plena noite. Porém, aos poucos, quando ainda andamos e nos sentimos sós, lentamente, vamos nos abrindo para a vida. Vai surgindo uma luz, aos poucos, na mesma velocidade em que caminhamos, mas vai surgindo.

Por que é possível escrever uma história bonita após a inversão que é ver um filho no céu? Talvez, tenhamos que esquecer as dualidades que o mundo nos propõe, tal como branco e preto, velho e novo, ganhar e perder, feliz e triste, morte e vida. E é, com dor, que admitimos e aceitamos que um filho pode preceder seus pais no céu; a natureza pode ser invertida.

Interessante, se começarmos a olhar o mundo de outra perspectiva, ou seja, percebendo que a partida de um filho é uma oportunidade de olhar o mundo de outra forma, vendo que o que era bom antes continua sendo bom, ou o que era ruim continua sendo ruim, perceberemos que o mais importante mesmo é a vida. Sim, a princípio, vamos testemunhar com amor a vida do filho que partiu, depois nossa própria vida.

Viktor Frankl, em seu livro *Em busca de Sentido*, conta uma história que, em resumo, é algo assim: uma mãe judia foi até um consultório médico. Em seu pulso havia uma linda pulseira de ouro, com nove dentes de leite cravejados. O médico lhe disse que era bonita a pulseira, e ela começou a dizer a quem aqueles dentinhos tinham pertencido. Desfiando cada dente, dizia o nome de cada filho. Ao terminar de falar cada nome, ela olhou para o médico e disse que todos os seus nove filhos morreram nas câmaras de gás da Segunda Guerra Mundial. Naquele momento, o médico impactado, perguntou-lhe: "E isso não lhe dói?" Ela respondeu com serenidade: "Sou diretora de um orfanato de crianças que perderam seus pais na mesma guerra". Ou seja, seus filhos nunca saíram de seu coração, a lembrança era constante; ela carregava, no pulso de seu braço, o que havia lhe sobrado deles, mas aquela mãe havia sobrevivido e ela precisava continuar testemunhando o amor que havia ficado.

Quando perdemos alguém, não perdemos o amor juntamente com esse alguém. Se perdêssemos o amor, não haveria saudade. E por não perdermos o amor, não perdemos nossa história, nossas lembranças; não perdemos o cheiro, o riso, a face, enfim, tudo o que envolve o filho que partiu fica. Passam-se anos e tudo fica ileso.

O tempo pode acentuar e modificar muitas coisas, menos o amor de um pai e de uma mãe. O amor continua intacto, o mesmo amor que brotou no dia em que os pais souberam que o filho iria chegar. Sendo o amor tão forte assim, como é que podemos sobreviver à dor de ver uma parte do amor que sentimos partir? Como sobrevivemos quando sentimos parte de nossos planos se ruir?

Deus sempre será a melhor resposta. Porque de tudo o que somos, como seres humanos, o que temos de mais semelhante ao Senhor Deus, Criador e Pai de tudo, é o amor. Eis a razão de nosso amor por um filho nunca acabar e de conseguirmos seguir em frente. Eis o amor, a grande razão de termos de Deus momentos únicos de consolação.

Notamos que o amor é nossa primeira origem, nossa essência humana, que é também o divino que há em nós. Deus está em nós, não como um habitante, mas como nossa mais pura essência, por Deus ser amor (1Jo 4,8).

Por amor temos de lembrar sempre que a morte não é um castigo nem um mal súbito, por causa de nossos erros, enganos e pecados. Os acontecimentos são reais e nos levam a ver que a morte faz parte de nossa frágil humanidade. Então, vamos alterar as perguntas que chegam com a morte: "Como vou passar pela tristeza de ver alguém que amo tanto partir?" Talvez, a vida seja a melhor resposta. Não queremos esquecer de quem partiu; queremos fazer memória, poder falar sobre seu sorriso, sobre sua vida, e às vezes até nos atrevemos a dizer como eles estão do outro lado, lá onde a vida é eterna e plena.

Assim, vamos aprender com a dor da morte, de forma mais viva. Não desejamos sufocar, abafar, asfixiar com as frases precipitadas que ouvimos, quando estamos diante da dor da saudade. Não vamos esquecer, não vamos achar que foi melhor assim, não estamos dispostos a acreditar que se trata de um livramento. Desejamos acreditar apenas que, após a morte, há vida, e vida em abundância.

E com essa vida em abundância, vamos ser geradores de novas vidas, sabe de qual forma? Vivendo em nome de quem partiu e deixou uma história de amor em nosso coração. Vamos ser testemunhas de sorrisos, virtudes, alegrias, enfim, de tudo aquilo que foi vivido e que ainda continua vivo dentro de nós.

Com a partida de alguém que amamos, começamos a perceber que não tememos a morte. Tememos o sofrimento, tememos o luto, mas há alguma forma de enfrentá-lo? Fiz essa pergunta aos pais do Grupo Filhos no Céu, e as respostas foram recheadas de esperança em Deus. Deixemos eles nos levar pelo caminho da fé:

O luto é uma saudade que se acomoda no peito, dia a dia, de quem busca força na fé e no amor a Deus. Aproxima-nos da vontade daquele que tudo sabe e nos sustenta. O luto me fez repousar junto ao Coração de Jesus e de Maria (Stella Pinheiros).

O luto é um momento muito difícil de minha vida, uma tarefa que Deus me deu, pois com o luto vou aprender a ser mais forte, aumentar a fé e sempre dar graças, apesar do sofrimento. É um exercício diário e difícil, porque devo dar testemunho de fé e de fortaleza às pessoas. Acredito que Deus quer me ver forte e alegre (Berenice Maria Domingues).

Nós todos que estamos neste grupo temos uma razão para estar! Superamos tudo pela fé. Fé em algo que está além de nossa capacidade, imaginação ou de nosso sentimento. Acreditamos além do além, por isso, penso eu, sentir medo da morte e do luto? Não sentimos! Pois temos a coragem que vem do alto de levar a vida adiante. Somos corajosos, pois levantamos todas as manhãs para trabalhar e, apesar da dor e saudade, somos capazes de agradecer a Deus! (Sabrina).

Após passarmos pela dor da alma, nosso consolo não se dá pelas coisas do mundo e, sim, pelas coisas do alto, pois não há outra dor para expressar nossos sentimentos diante daquilo que vivemos quando nossos filhos partiram, parece que não tememos a morte, porque nosso foco está no esplendor do céu. Nossas reservas emocionais, durante o período do luto, esvaziam-se, não conseguimos refletir sobre o luto de forma concreta.
Parece que tudo depois dessa experiência fica diferente, principalmente, nossos medos.
Tudo muda em nossa vida e nos tornamos diferentes. Recebemos a visita concreta de Jesus Cristo, pois, sem essa visita, o vazio ficaria gigantesco, percebemos também que Nossa Senhora nos carrega em seus braços.
Ficamos diferentes, mas bem acompanhados por uma força sobrenatural, que age 24 horas por dia em nossa vida.
Quando tudo parece querer nos arrasar, escutamos uma voz forte que diz: "Pai, eu te amo" (José Eduardo Domingues).

Diante do luto, tome um tempo seu e permita deixar tudo se ordenar. O luto não resiste tanto tempo, o que, muitas vezes, faz o luto se prolongar é o medo de não poder mais participar da vida depois da morte do filho, como se fosse uma afronta ao filho voltar a se arrumar, sair, celebrar e sorrir. É possível retomar a vida. Ela não será como era, mas não é preciso ter receio do que virá pela frente, pois nada será mais dolorido do que ver um filho partir. Então do que ter medo?

Tenha poucas coisas em vista, porém, aquelas que o ajudarão, enquanto percorre o caminho da saudade, serão a fé, o amor e a esperança. Você pode ser feliz, se não com o filho que partiu, pelo menos por ele.

"Bendito seja Deus, o Pai de nosso Senhor Jesus Cristo. Em sua grande misericórdia, pela ressurreição de Jesus Cristo dentre os mortos, ele nos fez nascer de novo para uma esperança viva, para uma herança que não se desfaz, não se estraga nem murcha, e que é reservada para vós nos céus. Graças à fé, e pelo poder de Deus, estais guardados para a salvação que deve revelar-se nos últimos tempos. Isso é motivo de alegria para vós, embora seja necessário que no momento estejais por algum tempo aflitos, por causa de várias provações." (1Pd 1,3-6)

II
VAMOS FALAR
SOBRE O LUTO

1. Mas o que é o luto?

O luto não é algo simples. Como definição é uma tristeza profunda pela perda de alguém. Porém, o luto não merece apenas significados, e sim ser entendido a partir de nós que vivemos e passamos por ele.

Enquanto escrevia este livro, tive que fazer a entrega de meu pai, ele se foi de uma forma bem repentina, sem muito nos preparar, e quando menos esperávamos, eu e minha família estávamos vivendo o luto de sua partida.

Tive que me despedir do que seria mais difícil, que era não ver mais seu corpo, não o tocar, não o abraçar. No entanto, comecei a compreender que o luto toma uma dimensão que vai além de um vazio, ou apenas da ausência física de alguém que amamos.

O luto é, de fato, um conjunto de reações fisiológicas, psicológicas e emocionais pela perda de alguém ou algo, porém, o luto de que tratamos aqui é aquele que pensamos que não é aprendido, quando alguém parte. O luto está relacionado com o amor que sentimos, com a relação que tínhamos com a pessoa que partiu

30

e, muito mais do que isso, ele chega sem avisar quando irá partir, precisando ser respeitado em toda a sua permanência. Porém, será que o luto vai embora? Será que se acaba com ele? O luto resulta em saudade, e não há como dizer: "Vou sentir ou não vou sentir saudade", apenas a acolhemos e vivemos com ela. Segundo David Fireman, o luto pode ser escalonado[2] em diversas áreas de reações humanas, tais como a emocional, cognitiva, física, social, espiritual e religiosa. O resultado na escala levará o enlutado a recorrer ao auxílio de um profissional. E o correto é buscar por ajuda, tanto de um profissional, como na religião, na família e no grupo de amigos. Nessa situação, embora trate-se de uma dor individual, a pessoa precisa de companhia, pois já basta sentir a falta da pessoa que partiu.

Enquanto meu pai esteve na UTI, mesmo sabendo que se tratava de algo irreversível, não houve nenhum momento em que me sentia enlutada, o ambiente na UTI não me preparou. Confesso que, enquanto ele estava ali, eu conseguia tocá-lo, e isso era motivo de alegria, mesmo sabendo que o tempo do convívio estava acabando.

Assim, percebe-se que o luto tem, em sua dimensão, a falta dos sentidos sensoriais. Não podemos tocar, não podemos ouvir, não podemos sentir o perfume, não podemos ver, sentimos saudade do que nossos sentidos nos proporcionam em relação à outra pessoa. Isso nos remete à falta do afeto, porque somos seres humanos, criados para a afetividade.

Na falta da pessoa que amamos, restam apenas as memórias, ou seja, ressignificamos toda a nossa história para que a carência dos sentidos trocados com a pessoa que partiu dê espaço para as emoções, especificamente a esperança.

É muito comum no Grupo Filhos no Céu ficarmos cheios de zelo com a esperança do abraço eterno; a expectativa para esse abraço é, muitas vezes, motivo de consolação e força para se permanecer em pé. Porque o toque cheio de afeto é uma das saudades que temos, e a esperança de que vá acontecer esse momento nos ajuda a suportar a dor da saudade.

Outro ponto que percebi, nitidamente, diante de meu luto, foi que o vazio já não é só da ausência física, mas das coisas do cotidiano, que não vamos viver mais com quem partiu.

---

[2] https://griefcounselor.org/the-centers-new-holistic-grief-scale/

Um dia, notei que algo que eu vivia com meu pai corriqueiramente não iria mais ser vivido, e senti um grande vazio. Naquele momento, questionei-me: "Até quando?" E a resposta foi única: "Nunca mais". Percebo, a cada dia, que essas pequenas coisas, as quais fazíamos juntos, não irão acontecer. Isso alimenta um pouco do luto que estou vivendo.

Com a ausência dos sentidos e o vazio dos acontecimentos, os projetos realizados juntos são desfeitos. Não será possível realizar pequenos sonhos, pequenos planos. A falta de perspectiva diante dos sonhos esvaziados faz com que o luto fique mais profundo ainda. E a tendência é ficarmos paralisados diante do inacabado, afinal, o mapa da vida perde o sentido.

Diante do luto é preciso discernimento, para percebemos que somos tomados pela fé, quando associamos a partida de quem amamos à grandeza da vida eterna.

Não se coloca em dúvida a misericórdia de Deus. Quando, ao sentir a falta de alguém, um sentimento de esperança nos envolve, é Deus nos garantindo que tudo ficará bem, e, apesar da morte ser apresentada de forma definitiva aos olhos humanos, o Pai Eterno se posiciona a nosso lado e diz: "A morte não é o fim", e então, temos no coração a paz de quem tem um pedaço da vida eterna aqui.

O luto traz reflexões, fazendo-nos pensar sobre os sentimentos e vivê-los sem culpa, mas também sem egoísmo, para que assim, possamos discernir sobre o que é a saudade e suas consequências, tal como pensar sobre o que é o céu para nós. A saudade e o vazio são repletos de continuidade, quando notamos que não nascemos para morrer. Eis o primeiro sinal de que a vida eterna nos rodeia.

Na dimensão espiritual é tarefa complementar ao luto definir o céu, clarificar nossa visão sobre o que nos aguarda e onde está quem amamos. Penso que talvez o luto nos dá maior esperança sobre a eternidade. Mas para encontrar o céu que há em nós, e nos liga a quem amamos, é preciso desafiar-se constantemente e sair da dor que se revela em nós.

Dom Luciano Mendes de Almeida (1930-2006) disse em um simpósio teológico, ocorrido em maio de 2006, pouco antes de sua partida, que "temos que nos reconciliar com Deus, com o projeto divino que passa pela cruz. Enfrentar as dificuldades

32

sem colocar em questão o amor do Pai é a grande maturidade, a força para transformar a sociedade". Isso porque, para dom Luciano Mendes, o céu é ver as pessoas felizes:

> Há um tempo queria muito ver o céu, saber como é lá. Um dia subi ao céu. Não pensei que era tão bonito, fiquei contente com tanta música, pessoas dançando na presença de Deus. Mas, de repente, percebi que eu estava escondido atrás de uma árvore. Descobri que o céu é ver os outros felizes.[3]

2. A morte como uma dimensão da fé

Bom pensarmos na morte como um espaço que ela ocupa dentro de nossa fé. E isso faz todo sentido quando perpassamos no caminho rumo à ressurreição. A morte transgride a cultura niilista; ela é, sim, uma provocação à fé. Mesmo quando não cremos em nada, nosso ser busca uma resposta que só se acalma dentro da fé. Mesmo que a resposta não seja absoluta, é na fé que os sentimentos provocados pela morte encontrarão descanso.

A morte, apesar de um evento natural, ainda nos impressiona. Lembro-me que um dia o padre Rogério Augusto nos disse, em uma celebração, que a morte não é definitiva. Por isso, ao nos depararmos com ela, incomodamo-nos e choramos. A morte suplica pela esperança.

Nossas lágrimas e nossa incompreensão ocorrem por uma simples questão: não queremos ficar longe da pessoa que amamos, e isso, quando tratado de forma humana, pode até parecer apego. No entanto, se observarmos esse desejo de estarmos sempre com a pessoa que amamos, sob a ótica da fé, compreenderemos que vivemos para a eternidade; nascemos e buscamos o eterno por toda a nossa vida.

Em 17 de junho de 2015, papa Francisco, em sua matinal catequese, abordou o luto dos pais que perdem seus filhos. Ele narrou a passagem comovente do evangelista Lucas, em que Jesus ressuscitou um jovem, filho único de uma viúva de Naim:

> No dia seguinte, dirigiu-se Jesus a uma cidade chamada Naim. Iam com ele diversos discípulos e uma

---

[3] https://eventos.cancaonova.com/cobertura/como-e-o-ceu-dom-luciano-mendes-responde/

grande multidão. Ao chegar perto da porta da cidade, eis que levavam um defunto a ser sepultado, filho único de uma viúva; acompanhava-a muita gente da cidade. Vendo-a o Senhor, movido de compaixão para com ela, disse-lhe: "Não chores!" E, aproximando-se, tocou no esquife, e os que o levavam pararam. Disse Jesus: "Moço, eu te ordeno, levanta-te". Sentou-se o que estivera morto e começou a falar, e Jesus entregou-o à sua mãe" (Lc 7,11-15).

Com essa narrativa, papa Francisco disse que a experiência da perda de um filho é "como se o tempo parasse: abre-se um abismo que engole o passado e, também, o futuro", porém o Santo Padre exortou os pais que se despedem de seus filhos:

No povo de Deus, com a graça de sua compaixão conferida em Jesus, muitas famílias demonstram concretamente que a morte não tem a última palavra: trata-se de um verdadeiro ato de fé. Todas as vezes que a família em luto – até terrível – encontra a força de conservar a fé e o amor que nos unem a quantos amamos, ela impede desde já que a morte arrebate tudo. A escuridão da morte deve ser enfrentada com um esforço de amor mais intenso. Nesta fé, podemos consolar-nos uns aos outros, conscientes de que o Senhor venceu a morte de uma vez para sempre. Nossos entes queridos não desapareceram nas trevas do nada: a esperança assegura-nos que eles estão nas mãos bondosas e vigorosas de Deus. O amor é mais forte do que a morte. Por isso, o caminho consiste em fazer aumentar o amor, em torná-lo mais sólido, e o amor preservar-nos-á até o dia em que todas as lágrimas serão enxugadas, quando "já não haverá morte, nem luto, nem grito, nem dor" (Ap 21,4). Se nos deixarmos amparar por esta fé, a experiência do luto poderá gerar uma solidariedade de vínculos familiares mais fortes, uma renovada abertura ao sofrimento das outras famílias, uma nova fraternidade com as famílias que nascem e renascem na esperança. Nascer e renascer na esperança, é isto que nos propicia a fé. Contudo, gostaria de ressaltar a última frase do Evangelho que ouvimos hoje (cf. Lc 7,11-15). Depois que Jesus restituiu à vida este jovem, filho da mãe que era viúva, o Evangelho reza: "Jesus entregou-o a

34

sua mãe". Esta é a nossa esperança! O Senhor restituir-nos-á todos os nossos entes queridos que já partiram, e encontrar-nos-emos todos juntos. Esta esperança não desilude! Recordemos bem este gesto de Jesus: "Jesus entregou-o à sua mãe", assim fará o Senhor com todos os nossos amados familiares![4]

E é exatamente ao final dessa exortação que podemos nos apegar e nos levantar para enfrentarmos a morte: "O Senhor restituir-nos-á todos os nossos entes queridos que já partiram. Recordemos bem esse gesto de Jesus: 'Jesus entregou-o a sua mãe, assim fará com todos os nossos amados familiares'", não perdemos ninguém, porque o Senhor irá nos unir novamente à restituição dos laços do amor.

O amor paternal, maternal e filial, uma vez estabelecido, não será nunca menor do que a dor que a morte provoca, nada poderá desatar o que Deus entrelaçou pelo dom da vida.

Diante da dimensão da morte, ficamos confusos em relação a nossos sentimentos, contudo a morte é o episódio que consolida a dor e o luto; a morte em si não são só os sentimentos. Assim, precisamos iniciar a identificação da dor e os muitos sentimentos que advêm dela, bem como o evento correlacionado com a morte.

Percebe-se que são nossos sentimentos que definem nossas ações, mas a morte em si define nossos pensamentos. Assim, a morte é o maior gerador dos pensamentos, que irão motivar os sentimentos e, consequentemente, serão projetados em ações.

Elizabeth Kubler-Ross foi uma psiquiatra suíça que passou anos de sua vida se dedicando a entender a morte. Em seu livro *Roda da Vida*: memórias do viver e do morrer,[5] ela diz: "Morrer é a coisa mais fácil que temos a fazer. Pela perspectiva humana, pode realmente parecer isto, pelo contexto da fé, a morte é algo pessoal que relaciona o mistério de Deus e a pessoa que está em partida".

A morte como um acontecimento é um grande mistério. Não encontramos respostas para aquelas mortes decorridas de razões que nos parecem tão pequenas, como também,

---

[4] http://w2.vatican.va/content/francesco/pt/audiences/2015/documents/papa-francesco_20150617_udienza-generale.html
[5] *Roda da Vida:* memórias do viver e do morrer. Editora Sextante. 2ª Edição. 1998.

não compreendemos as sobrevivências ocorridas em cenários, onde tudo indicaria que a morte prevaleceria. Afinal, o que faz morrer ou viver? Não sabemos a resposta.

Os filhos partem e as perguntas surgem: "Por que comigo?" ou "O que eu fiz para passar por isso?" A resposta é simples, você não fez nada, porque nenhum erro, equívoco ou engano justificam passar pela maior dor do mundo, uma vez que sendo a dor de ver um filho partir algo tão forte, não há erro ou pecado tão grandes que justifiquem alguém sentir no coração e na alma essa dor desumana.

"Então, por que Deus tirou a vida de meu filho, se ele tinha tantos sonhos?" Não há uma resposta concreta para o mistério que existe entre a vida terrena e a vida eterna.

Porém, algumas certezas nós carregamos: Deus transforma todos os males em bem. Então, para o filho no céu, a alegria da vida eterna é uma realidade; um mundo de amor e livre de sofrimento é uma verdade.

O Reino de Deus já é uma realidade para o filho que partiu. Porém, faço uma pergunta: Pensando na possibilidade de ir ou não ir para o céu, o que seu filho faria? Qual decisão ele tomaria? Sabendo que ele iria viver sem dor, sem sofrimento e poderia interceder diretamente a Deus pelos filhos, pais, amigos, que aqui deixou, o que ele faria? Se ele pudesse escolher viver eternamente o amor, sem medo, o que ele faria?

Podemos encontrar algumas respostas mais amadurecidas no Evangelho. Jesus na Cruz entrega seu espírito, por Ele mesmo, "tudo está consumado". Será que a resposta ao vermos um filho partir não é a mesma entrega que Jesus faz na cruz? Ou seja, sabe-se que a missão foi cumprida, que não há muito mais a fazer por aqui e que, na verdade, estar no céu, pode ser um convite para fazer, de lá, algo melhor do que se faz aqui? Nós filhos de Deus temos a chance de fazer em nome do AMOR algo sempre melhor.

Devemos sempre lembrar que a morte é apenas uma passagem. E da vida apenas temos que dizer: "Obrigado, obrigado, dona vida". Obrigado pelo tempo que passamos com nosso ente querido e pelo tempo que passaremos com ele, quando nos encontrarmos para o abraço eterno.

Assim, podemos dizer que nossa missão junto ao filho terminou com a partida dele para o céu? A resposta é não, não

36

terminou. Sabe por quê? Porque temos um intercessor, podemos recorrer a ele, quando estivermos sofrendo; podemos recorrer a ele, quando precisamos do silêncio absoluto para ouvir a voz de Deus; podemos recorrer a ele, para que possamos ser mais corajosos e seguir em nossa missão de testemunhar uma vida de AMOR, FÉ e ESPERANÇA. A vida com o filho que partiu não terminou, ela continua, e podemos fazer isso por ele, por nós e por Deus.

3. O reverso do tempo, o que se vive depois da morte?

O tempo é resumido em acontecimentos que nos fazem montar histórias com o passado, presente e futuro. Porém, tão valioso e com um prazo tão curto de validade, o tempo, talvez, não tenha tanta importância antes de nos depararmos com a morte e o luto.

Ao estarmos de frente com a morte e a dor por ela provocada, começamos a nos perguntar: Quando foi o último adeus? Quando aconteceu o último beijo? Quando foi que eu disse que o amo pela última vez?

Eis a imensidão dos questionamentos começados quando a morte ceifa uma vida e mostra seu poder sobre nossas fragilidades.

"E para tudo que está debaixo do céu, há um tempo: para rir, para nascer, para plantar, para curar, para dançar, para encontrar, para costurar, e tempo para amar" (Ecl 3,1-8). E é nesse tempo feito para amar que encontramos em um filho nossa maior missão, que é gerar, criar e amar eternamente.

Deixemos ao tempo a possibilidade de ter a dor sacralizada. E a soberania da dor vai perdendo a realeza diante da vida que vai surgindo por meio da expressão de Deus em nossa vida. Vamos nos sentindo consolados, leves, livres e curados, porque permitimos que o tempo se torne o mais belo representante de Deus em nossas dores.

O tempo se encarrega de mostrar a força da vida, não se trata apenas da vida presente e efêmera, e sim da vida que se torna eterna a partir de nós.

Vamos nos calando; com o tempo, percebemos que a maior sabedoria advém do silêncio. Mesmo que Deus Pai viesse nos falar sobre a dor da saudade, qual resposta, de fato, gostaríamos de ouvir de Deus, quando temos um filho no céu, quando vemos e vivemos a dor de ver um filho partir? Qual resposta acalenta a saudade? Basta a dor? Basta a saudade? Bastam a fé e o amor? Não, nada nos basta, enquanto humanos, nada basta, enquanto mães e pais, nada é tão infinito quanto esse amor carente da presença física.

Sentimos dor, mas sentimos amor. Sofremos com a saudade, entretanto, confiantes em meio a um mar de fé, sentimos que somos aquele barco que não consegue mais voltar e estamos em alto mar, com saudade e amor. Nossos filhos não voltarão, somos nós que estamos indo adiante para encontrá-los, na esperança de que tudo caminha para encontrarmos na eternidade o filho amado e podermos, em comunhão com Deus, dar o sonhado abraço eterno.

Vivemos com o peso da cruz de cada dia no coração, tomamos ela e seguimos Jesus (Lc 9,23), e é em cada dia que vivemos nossa nova missão. Resolvemos seguir adiante. Essa é nossa missão, viver a dolorosa via de Nossa Senhora. A exemplo da Mãe de Deus, andamos no caminho da fé, testemunhando o amor de quem partiu.

Maria, modelo perfeito de Mãe enlutada, ensina que a confiança plena está em Deus, que agirá dentro do tempo, porque o tempo é feito em nós. Superar o luto e a morte de um filho é tarefa árdua, mas para percorrer a estrada é preciso um tempo de fé que nos fará permanecer de pé.

Observar Maria pode ser a melhor forma de compreender:
1. O que há depois da morte.
2. O tempo necessário.
3. A confiança depositada.

O que há depois da morte?

Há dor, há saudade, há perdão, há amor, há esperança, e assim a morte pede uma fé expansiva que vai além do tempo. É dessa forma que Maria se apresentou diante do desafio de acreditar na promessa de Deus para seu Filho, até mesmo após a morte, e conseguimos notar isso quando, um dia, ela estava com os amigos de seu Filho rezando, na mais íntima união (At 1,14).

Maria, apesar de ver seu Filho ser desprezado e abandonado pelos amigos, uniu-se a eles, para orar, sendo capaz de perdoar, de acolher, de aceitar a situação e, também, de amar como seu Filho sempre pediu para amar. Tudo isso porque Maria tinha uma fé que ia além de si mesma e de sua dor. Sua fé encontrou sintonia total com Deus.

Para Maria não estava muito claro o que aconteceria com seu Filho, mas sabia que iria sofrer por causa dele (Lc 2,35). No entanto, uma morte advinda de uma condenação, que o levou à crucificação, seria o pior dos pesadelos para uma mãe. Não foi esse tipo de pensamento que a acompanhou desde que o anjo anunciou que o Filho de Deus seria entregue para seus cuidados (Lc 1,35).

Então, o que haveria depois da morte de Cristo para Maria? Haveria a ressurreição. Sem dúvida, a ressurreição é a projeção de que os sonhos de Deus são sempre maiores e estão além de nossa própria humanidade.

Mas a ressurreição é para quem? Como diz padre Fábio de Melo: "Já que não temos o poder de ressuscitar os mortos, que ressuscitemos os vivos". A ressurreição é para todos: os que partiram e os que ficaram.

Quem comunga bem com seu passado ou com a dor de perder um ente querido, antecipa a esperança da ressurreição de Jesus Cristo e de quem partiu. Passamos a escrever com a caneta de Deus as páginas de nossa história, para que todos os acontecimentos sejam vividos à luz da esperança na ressurreição, acreditando que, por maior que seja a dor da partida, a morte foi vencida e a pessoa que amamos vive na eternidade com Deus, enquanto aqui, nesta vida, passamos a cumprir uma nova missão dada por Ele.

A reconciliação é um passo imprescindível para que possamos continuar nesta vida, esperando a própria ressurreição e ressuscitando os vivos que precisam do fôlego da vida. Não há ninguém melhor do que uma pessoa de fé expansionista, que passou pela experiência de crer na vida eterna, para fazer ressurgir vidas mortas.

Por fim, qual é a chave para a ressurreição? É a esperança na própria vida com Cristo, Nosso Senhor. A ressurreição faz parte do processo após a morte. Ressuscitar na esperança, para quem fica, ressuscitar na vida eterna para quem vai.

Qual o tempo necessário para se passar pela experiência do luto?

A experiência do luto não tem tempo definido para acabar. Porém, como será que Maria se posicionou diante de seu próprio luto? A Palavra do Senhor não diz nada a respeito, mas podemos acreditar que Maria saiu às pressas para servir. Após o Anjo Gabriel anunciar que sua prima Isabel estava grávida, Maria não hesitou e foi imediatamente ao encontro de sua prima, que precisava de auxílio (Lc 1,39). Maria deixou o Gólgota, não havia mais razão para permanecer ali (Jo 19,25), sem o Filho. Ela foi cumprir sua missão de mãe. Pode surgir a pergunta: Como ser mãe, se seu filho havia morrido na cruz? Esse tipo de pergunta precisa de dignidade para ser respondida. É possível ser Mãe para testemunhar sobre quem foi seu Filho.

Será que quando alguém que amamos parte desta vida, temos a chance de testemunhá-lo?

Sim, é possível falar das virtudes, das alegrias, das características, dos sonhos, dos sorrisos, e é possível, também, continuar a vida, não da mesma forma, nem melhor, apenas diferente, podendo ser mãe de quem está perto, de quem se aproxima e necessita de atenção e cuidado.

É preciso tempo para reagir, a mudança vem de dentro para fora. Nosso interior clama por sua exteriorização, tal como uma flor pede para ser aberta e desabrochar. Então tudo precisa de um tempo, como está escrito na passagem da Bíblia, tão conhecida e rica de significado:

> Tudo tem seu tempo determinado, e há tempo para todo o propósito debaixo do céu. Há tempo de nascer e tempo de morrer; tempo de plantar e tempo de arrancar o que se plantou. Tempo de matar e tempo de curar; tempo de derrubar e tempo de edificar. Tempo de chorar e tempo de rir; tempo de prantear e tempo de dançar. Tempo de espalhar pedras e tempo de ajuntar pedras; tempo de abraçar e tempo de afastar-se de abraçar. Tempo de buscar e tempo de perder; tempo de guardar e tempo de lançar fora; Tempo de rasgar e tempo de coser; tempo de estar calado e tempo de falar. Tempo de amar e tempo de odiar; tempo de guerra e tempo de paz (Ecl 3,1-8).

40

Espere pelo tempo, mas não permita que o tempo seja mais forte do que ele costuma ser, não permita que o tempo o consuma em desilusão e tristeza; dê prazo de validade para que tudo se ajeite. Permita todas as fases, porém não aceite deixar morrer com você tudo o que aquela pessoa que ama gostaria que fosse vivido.

A confiança depositada

Maria nos mostra total confiança, não se desespera. Sua atitude de ficar de pé remete-nos a uma única certeza: ficar de pé diante da morte de um filho só é possível porque se acredita que aquele momento passará e que ainda há a possibilidade de tudo ser renovado, pela força da fé em um Deus que é Pai e Misericordioso.

E o que nos ajuda a acreditar na resiliência de Maria é exatamente o que disse um santo, afirmando que, ao ressuscitar, Jesus, apareceu para sua mãe. Santo Inácio diz: "Apareceu à Virgem Maria, o que, embora não seja relatado na Escritura, se tem por dito, quando afirma que apareceu a tantos outros. Pois a Escritura supõe que tenhamos inteligência, como está citado: 'Também vós estais sem entendimento?' (Mt 15,16)".[6]

Maria trabalhou seus sentimentos na confiança plena de que seu Filho ressuscitaria, isso por meio da compreensão que ela tinha do que Ele mesmo dizia (Jo 2,19).

O sentimento de impotência é o mais comum diante da morte e do luto. Não há o que ser feito, pois a morte parece trazer com ela uma conta que não conseguiremos pagar. Com a morte, além do luto, chegam pensamentos que nos destroem diante da fé que gostaríamos de ter. Temos a falsa ilusão de que não há fé em nós. A morte traz um mundo ilusório, recheado de perguntas desconexas, que nos apontam o dedo da culpa.

Muitos pais nos procuram falando sobre a culpa, sentem como se tivessem falhado, porque não estavam presentes no momento da partida, ou, até mesmo, porque não conseguiram segurar o filho neste mundo.

Anselm Grün clarifica essa culpa com o objetivo principal de derrubar a negatividade que a culpabilidade traz. Faz isso por meio da Sagrada Escritura, em uma parábola contada por Jesus:

---

[6] Santo Inácio de Loyola. 299 dos Exercícios Espirituais. 6ª Edição. Edições Loyola.

Ora, aconteceu morrer o mendigo e ser **levado pelos anjos** ao seio de Abraão. Morreu também o rico e foi sepultado (Lc 16,22).

Segundo Anselm Grün, os padres da Igreja associam esses anjos ao anjo da guarda (Mt 18,10), assim, quando alguém passa do limiar da morte é levado até Deus por seu anjo: "Na morte, o âmago de nosso ser será protegido pelo anjo".[7]

É preciso ter coragem para enfrentarmos nossos medos e sentimentos. É indispensável nos despojarmos de nossos apegos e do corpo, que já não está mais ali, e confiar com tanta força, a ponto de sentirmos o próprio Deus sendo Consolador e Pai, e nele sentirmos o coração do filho que partiu para o outro lado da vida.

---

[7] Anselm Grün, *O que vem após a morte?* A arte de viver e morrer. Editora Vozes.

"Apresentai a Deus vossos pedidos, em orações e súplicas, acompanhadas de ação de graças. E a paz de Deus, que supera todo entendimento, guardará vossos corações e vossos pensamentos no Cristo Jesus." (Fl 4,6-7)

III

A DOR DA PERDA DE UM FILHO: RELATOS DO BLOG FILHOS NO CÉU

O Grupo Filhos no Céu tem um blog que atende o Brasil todo, o qual possui relatos e testemunhos de pais e mães que buscam respostas e consolo para suas dores. Como não temos autorização para colocar os relatos dos pais, deixamos aqui algumas respostas que podem ajudar muitos outros pais e mães que lerão este livro.

1. Confiança no amor e na misericórdia de Deus

"A dor da saudade é sufocante. Ver um filho partir é a maior dor que uma mãe pode sentir, isso porque essa dor vem acompanhada do maior amor que uma mulher pode sentir, que é o amor de mãe.

Não são proporcionais. Porque o amor é muito maior, a grandiosidade do amor materno nasce do dom da vida do filho. Um amor que nasce pelo dom da vida tem de lutar para continuar, quando a dor da saudade chega e se instala. O amor precisa ser muito maior do que a dor da saudade.

Para isso, confiamos em quem tem o maior amor, que é Deus. Confiantes no amor de Deus, sabemos e sentimos, em nosso próprio instinto materno, que Deus está à frente de tudo e que Ele não deseja perder ninguém. E, confiantes nesse amor, sabemos que seu filho não foi perdido por Deus.

Deus foi quem o criou, antes de ser gerado por você, Deus o gerou em seu misericordioso coração, por isso, sabemos que o Pai Eterno não perde quem já era eterno em seu coração. A despedida de um filho traz um novo sentido e uma nova forma de ver a vida, sendo necessário dar um passo de cada vez. Os que aqui ficaram precisam de você. A saudade estará com você, a cada momento de sua vida, mas é preciso aprender a conciliar a dor da saudade com o amor pelos outros, não esquecendo que eles necessitam de você.

Mas lembre-se que coração de mãe é movido pelo amor, e nunca deixará de amar seu filho. É impossível esquecer o rosto dele quando nasceu, não é? Então está garantido que esse amor nunca deixará de existir. Esse amor nunca será esquecido, porque as lembranças de uma mãe nunca se apagam.

Hoje, muitas vezes, perdemos nossos jovens para as drogas, como verdadeiros mártires. Mães, como você, testemunham a luta com o coração nas mãos e nos lábios; com tanto sofrimento aqui, não é em vão a vida de um filho de Deus.

Seu filho mudou-se para a casa do Pai. Vive feliz, longe das drogas, pedindo a Deus por você e por tantos outros que o amavam. Sendo ele filho de Deus, a vida dele não foi perdida. O Pai, rico em amor e bondade, traz vida e não perde nenhuma de suas criações. Tudo o que sai das mãos de Deus volta para suas diviníssimas mãos.

Deus está com você. Tenha fé e esperança, trazendo em suas mãos a bandeira de quem luta e testemunha o amor.

Você não perdeu seu filho para as drogas, porque Deus o salvou. Leve sempre essa bandeira, falando sobre o mal que as drogas causam, uma vez que você lutou, batalhou e, como mãe, não se conformou.

Sabemos que Deus não colocaria uma arma na mão de outra pessoa para tirar a vida, mas sabemos que Deus transforma todo o mal em bem, e, no momento certo, resgatou seu filho, que já era de Deus, e o salvou" (Grupo Filhos no Céu – 26/7/2014).

2. Como compreender a partida de um filho?

"Verdadeiramente, não temos qualquer condição de compreender a morte. Ela chega, devasta nossa vida, arranca de nosso convívio as pessoas, as quais amamos, e ficamos sem chão. É duro, é absurdo, é cruel, é sofrido, mas é exatamente nesse momento que necessitamos avançar na fé. Não é coisa fácil de se conseguir, e não existe uma receita para isso. Somente em Deus encontramos forças para continuar. Não há outro caminho, outra solução. É Deus que providencia tudo e nos sustenta, mas tudo em seu tempo. Não desanime. Sabemos que a dor é imensa, mas confie, Deus está no comando de sua vida.

Embora não consigamos entender os porquês, confiemos em Deus, em seu amor por nós. Nós fomos privilegiados por termos gerado filhos tão maravilhosos e especiais. Realmente, não eram deste mundo, assim como todos nós, cristãos, não somos deste mundo. Nossa pátria definitiva não é aqui, mas no céu, morada de Deus e de nossos filhos.

Claro que é muito difícil compreender tamanho sofrimento, parecendo até, muitas vezes, ser impossível. O amor que sentimos por nossos filhos é maior que a dor e não se acabou, ao contrário, eternizou-se no céu. Tenha paciência com você e saiba que não está sozinho. Não desanime, confie, estamos unidos em orações. A oração nos aproxima de Deus e de nossos filhos. A oração nos fortalece e nos revigora, porém, se até as palavras faltarem, não se desespere, pois pela intercessão de nossos filhos, nossa dor subirá até o coração do Pai, que não deixará de nos enviar o socorro e todas as graças de que necessitamos.

Sinta-se acolhido e abraçado por cada um de nós da família 'Filhos no Céu'. Conte com nossas orações e, se possível, inclua-nos também nas suas orações.

Obrigado por nos escrever e faça isso sempre que desejar. Deus o abençoe" (Grupo Filhos no Céu – 13/1/2014).

3. Amor e gratidão pelo dom da vida

"A chegada de um filho nos informa como é grande nosso coração, a ponto de não conhecermos muito bem como cabe dentro dele essa imensidão do amor, que chega com o nascimento do filho querido. Um berço dentro de nós acolhe a presença do filho para nunca mais tirá-lo de lá.

Por essa razão, a ausência física nos motiva a chorar, e a saudade chega, envolvida em tristeza, dor, lágrimas, parecendo anunciar-nos que o filho necessita sair de nós.

Mas o que desejamos é ter o filho em nós, como retrata aquela passagem em Isaías 49,15: 'Pode uma mulher esquecer-se daquele que amamenta? Não ter ternura pelo fruto de suas entranhas?' Quando lemos essa passagem e estamos vivendo o grande significado da saudade, nossa resposta é a mesma de Deus: 'Eu não te esqueceria nunca' (Is 49,15).

Assim, podemos sentir uma grande ternura, carregando-a em nós, e é com essa ternura que mostramos à saudade que, mesmo ela sendo companheira constante, até o fim desta vida, até antes do momento de nossa ressurreição, contaremos sempre com Deus.

Deus seja louvado, pela vida de quem partiu. Uma frase que li recentemente me fez pensar nesse momento em que dividimos a dor da saudade: 'A saudade só não será maior do que a gratidão'. Por fim, também acreditamos que, diante da despedida, nossa saudade também não será maior do que nosso amor.

Então o amor e a gratidão pelo dom da vida empurram-nos para a frente. Alguns dias com lágrimas, outros dias com dor, mas todos os dias com amor, saudade e gratidão, mas seguindo em frente, possamos um dia encontrar o filho que está no coração de Deus.

Na letra da música preferida de seu filho já encontramos um grande consolo e nos atrevemos a dizer que seu filho profetizava o amor de Deus, e, mesmo sendo criança, já sabia o valor do Pai Eterno para ele, para vocês e para a vida eterna: 'Nos teus braços eu quero descansar, correndo irei pra te abraçar, meu Pai...' (Aline Barros).

Quanta sabedoria e amor encontramos nessas palavras! Por essa razão, a fé nos move, com a esperança de que, para essa luta, a vitória é garantida, a saudade é a ferida, mas o amor, a fé, e a esperança são escudos para não desistirmos da batalha.

Para um pai e uma mãe com saudade é concedida a graça de conhecer a vida eterna a partir de nosso agora.

Pelo Espírito Santo, o coração está guardado em amor e esperança, sinal de nossa fé em Deus e de Deus em nós" (Grupo Filhos no Céu – 21/8/2014).

4. Respostas não acabam com a saudade

"As perguntas que colocamos diante do sofrimento da perda e o pensamento de que deveríamos ter feito mais pela pessoa são uma característica de todas as pessoas que sentem saudade. Nenhuma resposta poderia resolver a dúvida. Nenhuma ideia de dever cumprido poderia fazer sossegar o desejo insatisfeito de ter a pessoa a nosso lado. A questão é muito simples e definitiva: ninguém quer ficar longe da pessoa amada. Nada pode mudar isso. Mas a fé nos abre a possibilidade de enfrentarmos isso e de encontrar o sentido para a vida. E nos dá também a chance de vivermos um caminho de esperança profunda em um desfecho de encontro e de reencontro.

Não podemos deixar que a ausência nos afete mais do que a presença. Sua filha continua presente. Não podemos ignorar isso. Pense que o mais triste é ter alguém do lado e não perceber. Quando você fala sobre a doença de sua filha, hoje, isso pesa porque ela não está mais aqui.

Se não houvesse a doença e sua filha tivesse partido por outro motivo, você estaria lamentando assim mesmo. Você não estaria satisfeito, como se dissesse: 'Minha filha não está comigo, mas ela viveu sempre com saúde'. A solidariedade entre os pais, que viveram e vivem a mesma dor, é o grande remédio para percorrer esse caminho de fé e esperança. Você ajudou sua filha a lutar para viver. Imagine o quanto ela foi grata por isso.

Que a paz do Senhor Jesus Ressuscitado e o abraço solidário da Virgem Maria, que viveu também essa dor humana e a comunhão com os pais da família 'Filhos no Céu', ajudem-na a se fortalecer, cada vez mais, na fé e no amor a sua querida filha" (Grupo Filhos no céu – 4/6/2014).

"É pela fé que o justo viverá."
(Gl 3,11)

IV

PALAVRAS QUE CONSOLAM

Por Regina Araújo

1. Aprendendo a viver a partir do luto

A morte, por si só, é um mistério, é incompreensível; um assunto do qual ninguém gosta de falar. Aos olhos da fé, a morte não é o fim. Cremos que, a partir dela, se inicia uma nova vida, plena, feliz e eterna. Isso não quer dizer que somos indiferentes e não sofremos por causa dela, mas, amparados pela fé, cremos que nossos filhos estão vivos na presença de Deus e temos esperança de um dia reencontrá-los no céu. Sem a fé a morte é o fim. O desespero chega, a dor nos vence, e não é nada fácil essa compreensão. Por isso, precisamos de tempo, de um avanço na fé, precisamos da graça de Deus, nessa hora tão difícil e cruel.

O sofrimento pode nos paralisar ou nos ensinar, depende exclusivamente de nós. É claro que, em um primeiro momento, a dor nos tira o chão, mas aos poucos precisamos confiar mais em Deus e seguir em frente. Não dá para simplesmente "virar a página" e esquecer. Não é possível arrancar a saudade do

50

coração, porque ela representa a presença do filho. Ela só não vai doer se esquecermos, e quem deseja esquecer? As lágrimas nunca secarão, mas qual o problema? Elas não significam fraqueza nem falta de fé. A superação dessa dor, se assim podemos dizer, só se dá a partir de um processo, e cada um tem seu tempo. Isso não significa esquecimento, ou que não sentiremos dor com as lembranças.

O luto é um processo, um tempo necessário para aprender a viver com a dor causada pela morte de um ente querido, em nosso caso um filho ou uma filha. Não há como não viver esse processo. É nesse tempo que vamos reaprendendo a viver, a refazer nossa vida e nossa rotina.

São vários os estágios do luto, nem sempre vivemos todos. Existem momentos de tristeza profunda, de silêncio interminável, de questionamentos desesperadores. Experimentamos sentimentos contraditórios, emoções nunca vividas ou conhecidas. Mas, aos poucos, a dor se acalma, e vamos colocando as emoções no lugar. Devagar, vamos percebendo que é preciso retomar a vida, seguir em frente, amar e cuidar daqueles que ficaram a nosso lado, que precisam de nós e contam conosco para seguir suas vidas.

Sabemos que nunca mais seremos os mesmos, mas podemos e devemos lutar para que esse sofrimento nos faça pessoas melhores, que valorizam cada minuto como se fosse o último, que aprendem a olhar a vida com os olhos da fé, valorizam o que realmente precisa ser valorizado e conseguem perceber, em cada gesto, o amor de Deus sendo derramado sobre nós. São atitudes sábias que transformam a dor em aprendizado, em passos largos rumo ao encontro de nossos filhos no céu. Do contrário, ficaremos parados, imobilizados, indiferentes ao amor de Deus, de nossos filhos, familiares e amigos que estão conosco.

Superar, em nosso caso, também significa continuar, reaprender a viver, refazer a vida a partir dessa dor. É seguir em frente, mesmo sem as respostas para os questionamentos. É buscar em Deus forças para enfrentar a vida com suas alegrias e tristezas. É olhar bem além dessa dor e crer que nossos filhos vivem em Deus e com Deus. Já que não podemos mudar a situação, podemos, ao menos, mudar a maneira como enfrentá-la.

Superar é aprender a olhar além da dor, além do quarto vazio, das gavetas intocáveis, do violão, que há muito tempo está silencioso... É aprender a olhar além da dor pela falta daquela voz suave a nos chamar de "mamãe", "papai", daquele abraço que não nos envolve mais, daquele sorriso que preenchia nosso coração.

É compreender que, embora a casa tenha ficado mais vazia e mais triste, nela moram outras pessoas, que também foram escolhidas por Deus para fazer parte de nossa vida. Cada filho é único, e seu lugar jamais será preenchido, sabemos disso, e, justamente por isso, não podemos nos fechar na dor e deixar de amar com toda a intensidade aqueles que ficaram e, em alguns casos, aqueles filhos que ainda poderão vir, pela graça e misericórdia de Deus. Que o amor gravado por Deus em nosso coração nos dê sempre, e cada vez mais, força, coragem, fé e esperança de um dia reencontrar nossos filhos no céu.

"A vida do exílio é brevíssima. Assemelha-se a uma noite passada em má hospedaria. O pensamento de que tudo passa projeta sobre o sofrimento de hoje um raio abençoado de eternidade. O tempo é uma miragem. Deus já nos vê em sua glória" (Santa Teresinha).

2. "Abandono em Deus"

A criança, quando ouve a voz do pai ou da mãe, alegra-se; não precisa de qualquer garantia, ignora o medo e se lança confiante nos braços de seus pais.

Ao confiarmos não impomos nada, não pedimos explicações, nem precisamos compreender os motivos. É, na verdade, um ato de entrega total, sem nenhuma reserva. É uma oferta da própria vontade, uma transmissão de domínio para aquele em quem confiamos.

No entanto, diante das dores e dos sofrimentos, muitas vezes, nós nos tornamos abatidos, inquietos, enfraquecidos, aflitos e angustiados. Não sabemos esperar no Senhor, muito menos sofrer "suas demoras". Quando a dor bate em nossa porta, ou quando parece que nossas orações ficam sem respostas, esse é o momento de aprendermos a exercitar nossa fé, praticando o abandono em Deus.

52

Abandonar-se em Deus significa olhar além do que os olhos podem ver. É render-se a seu amor. É descansar na vontade do Pai, deixando-o conduzir a própria vida. Quando nos rendemos e confiamos em Deus, somos invadidos por uma paz capaz de acalmar nosso coração e nos preparar para as duras provações da vida. São Gaspar Bertoni escreveu em seu diário espiritual: "Nós cumprimos nosso dever. Sua divina majestade fará o resto e nem eu quero saber o que fará. Tranquilizo-me acreditando que Deus pode fazer tudo o que quer e sempre faz o que é melhor; ainda que não pareça assim a nossa pobre compreensão humana. Às vezes, até parece que Ele está errado". Diz ainda: "O abandono é docilidade, é confiança, é não se adiantar a Deus para não o atrapalhar". Ainda mais: "Realizar a vontade de Deus, quando ela está de acordo com a nossa, torna-se fácil e prazeroso. Quando se trata de abrir mão de nós mesmos, de nossos projetos para que a vontade dele seja feita, aí é preciso grande grau da virtude do abandonar-se".

Jesus nos ensina a abandonar nossa vida à vontade de Deus: "Desci do céu não para fazer a minha vontade, mas a vontade daquele que me enviou" (Jo 6,38). E ainda: "Meu Pai... Faça-se a tua vontade" (Mt 26,39). Em todas as situações de sua vida, Jesus se comportou como quem estava disposto a fazer plenamente a vontade do Pai.

Quando nossa fé estiver abalada, supliquemos ao Pai: "Meu Senhor e meu Deus, eu creio, mas aumentai minha fé".

3. Quando faltam as palavras, o Espírito Santo clama a Deus por nós

O sofrimento é inevitável, faz parte da vida. Desde pequenos aprendemos a lidar com decepções, frustrações, mas jamais nos preparamos para enfrentar o momento da partida de um(a) filho(a). Quando a missão dele(a) termina, parece que a nossa também terminou, pelo menos é o que desejamos, em um primeiro momento. Nosso chão é tirado, e nada mais podemos fazer, a não ser reaprender a viver... E como isso é difícil!

A partir daí vivemos pela graça de Deus. Parece que o brilho da vida se apagou, os sonhos se tornaram pesadelos, as alegrias nos abandonaram e as palavras, antes dirigidas a Deus com entusiasmo, alegria e confiança, simplesmente sumiram, desapareceram, calaram-se.

Em muitos momentos, desejamos falar freneticamente sobre o que estamos sentindo. De repente, fechamo-nos em um silêncio arrasador. Tudo dói. Dói olhar a vida, seguir em frente indiferentes, com nosso sofrimento; dói olhar ao redor e ver que tudo continua seguindo seu curso; dói ter que continuar cumprindo nossos compromissos, mesmo sem vontade, sem ânimo. Dói, tudo dói. Dói ainda nos aproximarmos de Deus, sem forças para pronunciar qualquer palavra. Pedir ou agradecer? Dizer o quê? Nosso coração está tão machucado que a única coisa que conseguimos fazer é chorar. Nessa hora o Espírito Santo de Deus entra em ação. "Da mesma forma, o Espírito vem em socorro de nossa fraqueza, pois não sabemos o que pedir nem como pedir. É o próprio Espírito que intercede em nosso favor, com gemidos inefáveis. E aquele que examina o coração sabe qual é a intenção do Espírito, pois é de acordo com Deus que ele intercede em favor dos santos" (Rm 8,26-27).

Nessa hora nos calamos e confiamos que o Espírito Santo está pedindo a Deus por nós. Não temos palavras, não temos forças, tampouco ânimo para pronunciar qualquer frase. Nesse momento, abrimos nosso coração ao agir de Deus. É a partir daí que permitimos que Ele tenha livre acesso em nossa vida. É a partir daí que a graça de Deus acontece, talvez porque nessa hora nos lançamos sem reservas em seus braços.

Confiar em nossa humanidade e fragilidade nesse momento é perigoso demais. Só em Deus encontraremos socorro, do contrário, seremos conduzidos ao desespero, à angústia e à depressão. Mas o Espírito Santo sabe do que precisamos e como pedir ao Pai. É possível que fiquemos horas prostrados na presença de Deus, sem dizer qualquer palavra, e o socorro vem em forma de paz, de serenidade.

Assim vamos reaprendendo a viver, um dia por vez. Aos poucos, as nuvens, que envolviam nosso olhar para o mundo, vão se afastando, e o sol volta a brilhar novamente. Aos poucos, compreendemos que a vida de nosso(a) filho(a) está em Deus, e nada de mal pode lhe acontecer, pois já herdou a vida plena na eternidade.

Com calma vamos colocando os sentimentos no lugar. O próprio Espírito Santo vai nos mostrando que a beleza da vida não acabou. Temos muito ainda a fazer, se queremos um dia reencontrar nossos filhos.

A vida recomeça a sorrir quando entendemos que quem está a nosso lado precisa de nosso amor, e nós precisamos do amor deles também. Não dá para fechar as portas do coração e deixar de amar aqueles que Deus colocou a nosso lado. São joias de Deus em nossa vida. Graças sobre graças... Parte desse amor foi transformado em um amor divino, na presença de Deus, mas parte dele continua conosco, envolvendo-nos a cada instante, aquecendo nosso coração e nos encorajando a perseverar. Amor, infinito e eterno amor!

Começa nossa nova missão de compreender que, mesmo sofrendo, precisamos continuar a caminhada, por nós, por nossos familiares, que tanto amamos, e, sobretudo por Deus, que nos ama infinitamente e um dia enxugará de nossos olhos cada lágrima.

Jesus nos convida a confiar em seu amor. Tudo é muito difícil, mas "tudo posso naquele que me fortalece!" (Fl 4,3).

4. Até quando vai durar essa dor?

Jesus nos convida para entrarmos em profundidade em seu mistério por meio de um processo de identificação interior, somente revelado pelo Pai àqueles que se abrem a seu amor.

Quando nosso(a) filho(a) ou ente querido parte para a casa de Deus, a dor é tão profunda que dá a impressão que perdemos a perspectiva de futuro, mesmo tendo a certeza de que eles herdaram a vida eterna.

Uma explosão de sentimentos, novos e contraditórios, surge dentro de nós, e somos surpreendidos por uma infinidade de perguntas, que teimam em encontrar respostas: Por que conosco? Até quando durará essa dor?

São tantas as perguntas, tantos os questionamentos, que podem nos paralisar, desanimar, se não buscarmos em Deus as forças necessárias.

Mesmo sem ter as respostas, confiar em Deus aquieta a alma. Deus não espera que reprimamos nossas lágrimas, mas espera que confiemos em sua infinita misericórdia. Ele deseja que, acalmando nosso coração, possamos viver seus mistérios acolhendo seu amor, cumprindo a missão que Ele nos confiou.

Nesse momento, Jesus também nos questiona e quer saber: Quem é Ele para nós? Diante de tamanho sofrimento, nossa confiança está ancorada sobre a rocha ou edificada sobre a areia? Em quem verdadeiramente depositamos nossa confiança? Afinal, quem é Jesus para nós? Quando Jesus nos questiona, Ele quer que façamos a experiência do abandono em Deus. Ele quer nos conduzir pelos caminhos da fé, que nos levarão até seu Reino de Amor, onde já se encontram nossos filhos. Ele nos impulsiona para um aprofundamento na fé, confiando em Deus, mesmo sem termos as respostas para nossas perguntas.

Se a saudade é a presença daqueles que tanto amamos, então como ela poderá acabar? Como a dor findará se ela é resultado da saudade que sentimos? A saudade permanecerá e será nossa companheira de caminhada. Mas é preciso continuar, perseverar e, a cada amanhecer, vencer os desafios que exigem de nós sacrifícios, e em muitos momentos, é puramente questão de fé!

Que a angústia dê lugar à esperança. Que a dor seja transformada em fé. Que as nuvens das incertezas, do desespero e do desânimo se dissipem para que o sol da confiança em Deus aqueça nosso coração. Afinal, disse Jesus: "Coragem! Sou Eu. Não tenhais medo!" (Mt 14,27).

"Sede, pois, imitadores de Deus, como filhos amados; e andai em amor, como também Cristo nos amou e se entregou a si mesmo por nós, como oferta e sacrifício a Deus, em aroma suave. E os que são de Cristo crucificaram a carne com as suas paixões e concupiscências."
(Ef 5,1-2)

V
CARTAS DOS PAIS AO GRUPO FILHOS NO CÉU

Gláucia Vergueiro, mãe do Rafael

"Queridos, eu me chamo Gláucia, sou mãe do Rafael Camargo Vergueiro; ele nasceu no dia 12 de junho de 1988. Falar de meu filho é uma alegria imensa para mim, um menino muito amado, educado, carinhoso, brincalhão e sempre prestativo. Ele teve uma infância maravilhosa; na adolescência, tinha sonhos e projetos, que pôde realizá-los com as graças de Deus.

Uma semana antes de seu falecimento, fui convidada por ele para irmos à Canção Nova. No dia 5 de outubro de 2008, passamos um lindo dia. Ali meu filho pôde experimentar o verdadeiro amor de Deus e pôde me preparar. Com seu olhar de misericórdia, o Senhor cuidou dele para mim; só pude entender tudo depois.

No dia 11 de outubro de 2008, meu filho sofreu um acidente de moto e veio a falecer. E no dia 12 de outubro, dia de Nossa Senhora, eu estava o sepultando. Mesmo com tanta dor, senti o amor de Jesus e de Nossa Senhora cuidando de mim, pois,

58

ao fechar meus olhos, só vinha em minha mente a imagem de Nossa Senhora aos pés de Jesus na cruz, e em meu coração, eu sentia que Jesus falava muito forte: 'Assim como minha mãe ficou de pé diante de meu sofrimento, você também ficará de pé diante de seu sofrimento'.

Hoje, só tenho que agradecer a Deus ter me dado esse filho lindo durante os vinte anos que ficou comigo aqui na terra.

Disse-lhe Jesus: 'Eu sou a ressurreição e a vida; aquele que vive em mim, ainda que esteja morto, viverá. E todo aquele que crê em mim, jamais morrerá'.

Creia nisso, meu irmão, e sua tristeza transformar-se-á, muito em breve, em alegria. Seu luto é provisório, sua dor é passageira, só a alegria, que o Senhor lhe reservou, permanece eternamente."

Jair e Sueli Gimenes, pais da Gisele

"No dia 3 de julho de 1982, estava na igreja quando comecei a sentir algo estranho, uma dorzinha no pé da barriga; passei aquela noite com contração até as 5h da manhã, e a dor foi aumentando. Às 6h, do dia 4 de julho, fui para o hospital Nossa Senhora de Fátima, e, às 6h4m, nascia minha Gisele, com 3,986 quilos; foi uma das mais felizes horas de minha vida!

O tempo passou como o vento. Aquela pequena foi crescendo e sempre seguindo os caminhos de Deus. Tínhamos uma convivência boa. Como toda mãe e filha, vivemos dias felizes e dias amargos, mas sempre nos perdoamos.

Essa felicidade durou até os trinta anos dela, quando uma doença autoimune tomou conta de minha menina. Ela dizia: 'Mãe, sei que não vou curar-me, pois os médicos não sabem o que tenho. Tenha coragem, mãe, pois sei que vou morrer'.

Ela dizia para os médicos cuidarem de mim, pois ela iria embora deste mundo! E assim se passaram cinco longos meses. Fiquei com ela quarenta dias no hospital. No dia 17 de janeiro de 2013, ela me chamou para pertinho dela e me perguntou: 'Mãe, é verdade que Deus me emprestou para a senhora?' E eu respondi: 'Sim, filha, somos todos emprestados por Deus para nossos pais cuidarem de nós!' Ela sorriu, segurou minhas mãos e me disse: 'Mãe, entregue-me a Ele, pois Ele está aqui, e disse que vou para junto dele de hoje para amanhã, pois tenho que ir'. Segurei forte naquelas mãozinhas tão frágeis, ajoelhei-me e disse: 'Meu Deus, ela me pede o céu, eu não posso dar, mas ela é toda sua, então, seja feita sua vontade e não a minha!' Ela me olhou e, sorrindo, disse-me: 'Você é a mãe mais linda deste mundo!' Assim, naquela madrugada, dia 18 de janeiro de 2013, minha menina deu seu último suspiro em meus braços e foi morar no céu. Hoje, a saudade é imensa, mas sei que ela está ao lado de Deus! Então, eu digo: 'Obrigada, meu Deus, pelos 30 anos que deixou sua filha, a Gisele, morar comigo, e me perdoe pelas falhas que cometi na criação desse anjo, que confiou a mim!'"

Edison Rodrigues e Vera Lucia, pais do Robert

"A chegada de Robert Rodrigues Tomaz, nascido em 21 de maio de 1987, foi uma bênção, pois era nosso terceiro filho. Uma criança linda!

Em nossas memórias, existem ótimas lembranças, sempre bem alegres. Era uma pessoa dedicada e uma de suas paixões era o futebol, em que era excelente. Em meu coração há uma brincadeira dele que me marcou muito: quando meu marido saía para trabalhar, o Robert se deitava no chão, para puxar meu pé e me assustar, hoje eu tenho saudade. Assim como um bom filho, ele também foi um grande pai, adorava ficar com seus filhos.

Sua partida foi dolorosa, estávamos na véspera do Natal, e, no dia 23 de dezembro de 2016, recebi a pior notícia: meu filho veio a óbito. Naquele instante, meu mundo acabou.

Mesmo com o tempo, ainda é difícil, mas o que me consola é que ele está junto de Deus, olhando e intercedendo por toda a nossa família.

Aprendi com o Robert que devemos viver intensamente, ser felizes, apesar das dificuldades, e ter humildade no coração."

Jaqueline Rodrigues, mãe da Natália

"Minha filha, Natália Rodrigues dos Santos, nasceu no dia 9 de março de 1987; lembro-me como se fosse hoje. A alegria tomou conta de mim e de meu esposo. E se soubéssemos que ela ia voltar para Deus tão cedo, talvez, fizéssemos tudo diferente. Mas somos pegos de surpresa quando a morte chega tão perto.

60

Ela engravidou aos 16 anos. Vocês podem imaginar como isso mexe com qualquer família. Mas, depois, tudo foi ajeitando-se. Ficamos muitos felizes com a chegada da Ana Clara, esse foi o nome que a Natália escolheu para minha neta.

No dia 27 de março de 2009, minha filha sentiu uma dor de cabeça e foi internada, logo ela piorou e entrou em coma, pois estava com meningite. Meu Deus, que escuridão! Foram dias muito difíceis, pois tínhamos uma criança de 4 anos perguntando pela mãe, e ainda tínhamos que disfarçar, porque a tristeza tomou conta de nós – eu, meu esposo e minha outra filha, a Gabriela.

Como contar para uma criança de 4 aninhos que sua mãe não ia voltar mais para casa? Eram dois sofrimentos.

Porém, Deus esteve sempre ali, ajudando-nos. Essa criança de 4 anos era um anjo e nos ajudava e surpreendia a cada dia.

Em um domingo, meu esposo foi visitar nossa filha e eu fiquei com minha neta. Estávamos tomando café e ela me disse: 'Vovó, eu tive um sonho esta noite'. Mas ela não se lembrava, pedi que me contasse quando se recordasse.

Quando meu esposo chegou do hospital, dizendo que nossa filha teve morte cerebral. Fomos lá ao fundo da casa, para a nossa neta não nos ver chorando... Ela foi correndo até lá e me disse: 'Vovó, lembrei de meu sonho'. Eu perguntei como havia sido o sonho, ela me respondeu: 'Vovó, sonhei que estava lá no céu com um monte de gente e lá é muito lindo'.

E, assim, por meio desse sonho, contamos que a mamãe dela estava no céu. Minha filha foi para o céu no dia 8 de abril de 2009. Sei que onde ela está não existe dor, tristeza, pois acabou seu sofrimento. Tudo ainda é muito difícil, mas Deus tem nos consolado.

Eu sou mãe também da Gabriela, que, como um anjo, tem nos ajudado com sua dedicação a Ana Clara, até os dias de hoje.

Estamos caminhando. Tem dia que dói muito; em outros, dói menos. Deixamos de lado a tristeza e ficamos com a saudade. E a saudade dói.

Agradeço a Deus escolher-me para gerar, amamentar e cuidar de sua filha durante 22 anos, a minha querida Natália."

Terezinha Sena, Mãe do Rafael e do Rodolfo

Rafael Sena Lima nasceu em 14 de maio de 1989; com felicidade e muito amor, pudemos ficar juntos até seus nove anos.

Era uma grande alegria vê-lo brincando e contando histórias. Assim fomos muito felizes, até Deus chamá-lo para sua morada.

No dia 14 de dezembro de 1998, ele estava brincando e, de repente, caiu da bicicleta e partiu. Sua partida foi muito triste.

Rodolfo Sena Lima nasceu em 17 de julho de 1981. Com ele, eu também aproveitava, conversávamos muito, saíamos para passear, fui muito feliz também, e quando ele se foi me fez muita falta. Sua partida foi, igualmente, muito triste. No dia 17 de novembro de 2000, ele estava em uma festa e, aos 19 anos, foi assassinado, com várias outras pessoas. Vi muitas mães sofrerem por seus filhos. Porém, meu filho me deixou uma neta, uma continuação de sua vida, e isso alegra-me muito.

Maior lição para mim foi poder ser mãe de meus filhos. Fui muito feliz, foram as maiores joias que Deus me deu. Assim, vou vivendo, porque sei que estão bem, junto ao Pai, e um dia vamos nos encontrar e serão só alegrias e vitórias."

José Bonifácio e Maria Orcina, pais do Reginaldo

Reginaldo Marques Bonifácio nasceu em 1 de abril de 1977. Entrou em nossa vida trazendo muita alegria e luz.

Sempre estava disposto a ajudar em qualquer circunstância. Tinha uma risada forte, marcante, única e contagiante. Achava graça de tudo. Era um filho muito prestativo, companheiro e carinhoso. Tinha um cuidado com sua mãe como se ela fosse uma rainha. Foi um irmão paciente, um tio-padrinho amoroso e um colega de trabalho humilde e querido por todos a seu redor.

Sua partida aconteceu de repente. Enfrentou, sozinho, dias de muitas dores no estômago, que resultaram em sua partida, e, até o fim, nada comentou para não atrapalhar a viagem de seus pais. No dia 11 de abril de 2013, voltou para a casa do Pai.

É triste relembrar momentos assim. Foi um acontecimento inesperado, duro e sofrido. O vazio deixado é impossível ser preenchido. Falo com convicção que ele deixou um legado aqui na terra, que, em resumo, foram sua alegria, humildade e caridade, pois estava sempre pronto para ajudar as pessoas. Foi um grande homem."

José Eduardo e Berenice Maria, pais do Daniel

"Daniel de Carvalho Flores Domingues nasceu em 10 de fevereiro de 1989 e faleceu em 20 de abril de 2017, aos 28 anos, filho de José Eduardo Domingues e Berenice Maria de C. Flores Domingues. Foi uma criança muito feliz ao lado de suas irmãs, Ana Luísa e Isabela Flores.

Adorava brincar e o jogo de montar era seu brinquedo favorito. Viveu sempre na vida acadêmica como um dos melhores alunos. Passou pela adolescência sem nenhum problema, jogava tênis, tocava violão, piano e velejava. Fez intercâmbios estudantis que lhe renderam conhecer três idiomas fluentes, não bastasse a formação acadêmica na FGV. Fez duas pós-graduações para engrandecer seus conhecimentos. Fez carreira brilhante por onde trabalhou, deixando marcas de seu saber.

Leitor compulsivo de livros, adquiriu facilidade para escrever e publicou 33 poemas com métrica rigorosa e própria de um escritor.

Devido à formação religiosa e católica, que recebeu da família, logo se interessou por viver profundamente os dogmas e ensinamentos bíblicos, desde a adolescência; tinha amor e admiração pelo padre Michelino Roberto, que foi seu diretor espiritual e confessor.

Vivia a doutrina da Igreja católica, tendo como hábitos a confissão antes da comunhão eucarística; participava de grupo de oração, retiros e terço dos homens, rezava o terço diariamente.

Iria casar-se em setembro de 2018, para receber mais um sacramento, com Marcela, e nos disse: 'Pai e mãe, encontrei minha MARIA'.

Sempre se preocupou em impactar o mundo com seu trabalho, por isso, também se engajava em projetos sociais, como a Ong TETO, que constrói casas emergenciais em comunidades periféricas de São Paulo. As diferenças sociais lhe causavam inquietude, assim, envolvido em transmitir seus conhecimentos aos menos favorecidos, participava de aulas na Fundação Educar. Dan acreditava profundamente na desconstrução saudável e no desenho de um novo país e mundo.

Na manhã do dia 20 de abril de 2017 teve um infarte fulminante, após 4 dias do domingo de Páscoa e após ter vivido intensamente a Semana Santa.

Foi um rapaz muito feliz, sempre sorridente, amicíssimo do pai, da mãe e das irmãs. Deus o levou tão cedo, mas como uma alma linda que foi e é, logo o Pai o quis sob sua Divina Luz, junto a Maria, nossa Mãe."

Vilma e Maurício Diniz, pais da Aline

"Em ti, Senhor, me refugio" (Sl 31,1-2).

"Aline Santos Diniz nasceu em 12 de fevereiro de 1985 e voltou para os braços do Pai em 1 de outubro de 2007. Filhos são bênçãos de Deus em nossa vida, não só os gerados no ventre, como minha Aline, mas os gerados no coração. Nós, pais, somos abastecidos por Deus, pelo dom de 'orar sem cessar' pelos filhos e, lá no fundo, suplicamos ao Criador, por sua proteção! Que Ele tome conta deles, pois antes de serem nossos, a Deus pertencem.

Pois é... Aline antes de ser minha... e de Maurício, meu esposo... e de seus irmãos Juliano e Lucas... era de Deus. Louvamos a Deus por ter nos presenteado com Aline.

Menina que, desde seus oito anos, atuou como vicentina junto aos mais necessitados, no ministério de música, na catequese em nossa comunidade. Esse 'fruto de meu ventre' cursava o 3º ano de Administração e trabalhava.

De repente, tudo começou (fatos que fugiram de nossa condição de proteção, como pais terrestres) e nossa Aline fez a passagem, junto ao Pai do céu. Voltou ao ventre primeiro, o gerador da vida eterna. Era uma manhã ensolarada, dia em que comemoramos Santa Teresinha do Menino Jesus, sua santinha de cabeceira.

Sempre sorridente e brincalhona, uma verdadeira guerreira durante todo o processo, acometida por uma virose, que a levou embora, em uma semana.

Nesse período, senti que Deus levantou uma legião de anjos para orar 'por' e 'com' minha família. Aprendi que orar pelo outro é um ato precioso e sublime, uma verdadeira prova de amor.

Nossa família tem vivido em Deus e por Deus. Sentimos muita saudade de nossa menina, porque a amamos.

Segundo Santo Agostinho, ela mudou de sala, e lá nos espera. Enquanto isso, desenvolveremos, com amor, a missão que Deus nos destinou e buscaremos sempre nossa força na Eucaristia.

Nossas forças são revigoradas em cada Santa Missa da qual participamos, pois, 'O Banquete do Cordeiro' é o ponto de convergência, onde a Igreja militante se encontra com a Igreja Celeste para adorar nosso Deus. Assim sendo, em Deus estamos sempre unidos. Fecho este testemunho trazendo uma palavra de Madre Teresa do Coração Eucarístico: 'A morte não nos separou, mas nos uniu ainda mais nos laços de caridade, que é o amor em Cristo.'"

Ivone Floriano, mãe da Ana Paula

"Era o mês de abril de 1977, eu aguardava, ansiosa, meu marido chegar do trabalho. Tinha novidades!

No bolso de meu avental estava o resultado de meu exame informando que Deus tinha nos abençoado com um bebê. No dia 22 de janeiro de 1978, às 5h30, de um domingo, nascia minha primogênita, Ana Paula.

Gosto de me lembrar de seu primeiro dia na escola. Fui preparada para ficar com ela a tarde inteira, afinal, era tudo novo, para ela e para mim. Mas, ao ver tanta coisa nova, encantou-se e fiquei, com as outras mães, só aguardando o fim do período. Ela tinha adorado a escola!

Tempos depois, participei, em segredo, de uma peça infantil e só no fim as crianças descobriram que os atores eram as mães fantasiadas. Que alegria da Ana Paula ver que o macaco, amigo da Dona Baratinha, era sua mãe!

Filha determinada com seus projetos de vida, tornou-se uma linda comissária de bordo. Quando eu via um avião passando, perguntava-me: 'Será que minha filha está nesse avião?'

Com Ana Paula, aprendi a ser mãe, e quando ela foi mãe, precocemente, aprendemos, juntas, a ter paciência, a nos desdobrarmos em duas e, às vezes, em três, para atender nossos filhos com amor e sem medida.

Infelizmente, aos 25 anos, após uma cirurgia, Deus chamou minha filha. Hoje, quando olho para o céu e vejo um avião, sei que ela não está nele, mas tenho a certeza de que ela está além dele, em um lugar especial, junto de Deus. Consola-me saber que ela permanece viva ao ter dado vida para outras pessoas, com a doação de seus órgãos. Assim, ela deu a chance de um outro enxergar, de um outro respirar com um pulmão novo e de alguém viver com um novo coração."

Maria Benedita, mãe da Andréa

"No dia 9 de fevereiro de 1975, nascia a primogênita da família Batista, Andréa Cristina dos Santos Batista. Ela foi uma criança muito ativa e desinibida, que adorava se destacar. Chegou a sua adolescência com uma personalidade bem forte. Era de opinião e não costumava mudá-la por nada.

Em janeiro de 2016, ela começou a ter fortes dores abdominais e foi diagnosticada com pedra na vesícula. Porém, ao ser conduzida para a retirada da pedra, a médica constatou que não se tratava de uma pedra, mas sim de um tumor maligno.

Começava a difícil e desgastante caminhada em busca da cura. No dia 18 de novembro de 2017, ela foi internada. Quando a vimos no leito do hospital, abatida, sem forças, precisando usar fraldas, pedimos a Deus que operasse um milagre, dando-lhe a cura ou levando-a para seu Reino, pois não tinha condições de continuar vivendo naquelas condições.

Deus foi nos mostrando e preparando que sua hora estava chegando; foi uma semana muito difícil para todos. Na quinta-feira, dia 23 de novembro de 2017, ela partiu para os braços do Pai.

No último dia em que ela estava consciente, ela disse que tinha muito medo de partir e que nós, pais, não aguentaríamos enterrar uma filha de 42 anos. Falamos que não sabíamos se estava chegando a hora dela, mas que ela pensasse na frase: 'Deus não dá o frio maior que o cobertor'. E que o que viesse a acontecer seria de acordo com a vontade de Deus, e Ele não deixaria de amparar-nos."

Aparecida Batista Costa, mãe da Angélica e da Alessandra

"Angélica Andréia Costa nasceu no dia 22 de outubro de 1977. O nome Angélica vem de anjo (na época do Batismo dela eu não havia pensado nisso!) Mas, com o decorrer da vida, percebi que realmente ela era (é) um anjo! Sofreu desde bebê. Aos três meses, com coqueluche fortíssima, quase não resistiu.

No dia do aniversário de dois anos, sofreu um acidente que, segundo o próprio médico, ela só não perdeu a mão direita por milagre divino. E aos 10 anos, estendendo até aos 15, teve uma infecção de urina muito grave, resultando em um comprometimento (atrofiamento) do rim direito, que perdeu 70% de suas funções.

Até que aos 23 veio o câncer. Lutou contra a morte durante 11 anos. Apesar da saúde precária, estudou e se formou professora, escolhendo trabalhar com alunos especiais, e, assim, cumpriu o que ela sempre pregou: 'Durante o tempo que eu puder permanecer em pé, irei trabalhar, pois meus alunos são os filhos que não tive'.

Enquanto agonizava, disse olhando para mim com um largo sorriso: 'Combati o bom combate!', e no dia 5 de novembro de 2011, ela foi para junto de Deus.

Hoje, com o fruto desse trabalho, posso pagar o aluguel em um lugar que sempre sonhei morar, a um quarteirão do Santuário do Imaculado Coração de Maria, no centro da cidade.

Esse mesmo anjo de nome Angélica, hoje, cuida de mim e cuidou de sua irmã, Ana Alessandra, que precisava de ajuda financeira para fazer o tratamento de quimioterapia ao qual se submeteu."

"Ana Alessandra Costa Moraes nasceu no dia 12 de junho de 1971. Foi a Alessandra que me apresentou o Grupo Filhos no Céu, de São José dos Campos, logo que a Angélica partiu.

Desde jovem entrou para a renovação carismática, da qual eu também participava. Trabalhou muito tempo em um grupo de jovens chamado Kairós! Fazia parte do teatro, da música, pregação e intercessão.

Trabalhou como locutora na Rádio Difusora de Pouso Alegre e implantou um programa chamado Clube dos Sócios, que hoje tem mais de três mil sócios, graças a Deus. Deixou tudo em Pouso Alegre, casou-se e foi morar em São José dos Campos.

No começo foi difícil. Não conhecia ninguém, e só conseguiu fazer amigos porque gostava muito de rezar e participar da Igreja.

Em 2016, ela foi diagnosticada com a mesma doença que a irmã Angélica, porém seu tumor foi no cérebro. Nessa época, estava atuando com os Vicentinos. Lutou com todas as forças para sobreviver ao tumor. Com dois filhos jovens, desejava poder estar com eles o tempo todo, porém, no dia 23 de fevereiro de 2019, Alessandra partiu rumo ao céu."

Francisco Tadeu e Cleonice Calixto, pais da Caroline

"Após ter certeza de que não poderia ser pai biológico, eu, Francisco Tadeu dos Santos, e minha esposa, Cleonice Aparecida Calixto dos Santos, decidimos 'gestar' em nosso coração o desejo de ter em nossa vida o tão sonhado filho ou filha.

Em julho de 1993, iniciamos o processo de adoção. Pouco tempo depois, outubro do mesmo ano, vésperas do dia de Nossa Senhora, recebemos a notícia que nossa amada, desejada e esperada filha, já com o nome escolhido, Caroline Calixto dos Santos, tinha nascido em um Hospital Público, em Balneário Camboriú, SC, e que, desde 28 de agosto, aguardava alta médica, pois havia nascido prematura.

Que alegria, felicidade e bênção de Deus, quando, pela primeira vez, estivemos com ela em nossos braços, no berçário do hospital. Nossa amada filha! Lembramos como se fosse hoje de todos os detalhes do encontro; seu jeitinho, sua posição no berço, sua roupinha, seu rosto meigo e sorridente.

A Carol foi surpreendente ao longo de sua vida. Foi o melhor presente de Deus para nossa vida. Conquistou a família toda, uma bênção em todos os sentidos. E veio provar que o amor é incondicional. Tornou-se sangue de nosso sangue.

Com o passar do tempo, descobrimos que ela teve no nascimento um leve PC, que afetou sua parte motora, havendo uma demora para andar e falar.

Mas Deus é tão bom. Juntos enfrentamos tudo, sem medir esforços: médicos, fisioterapia, terapia ocupacional, natação, exercícios na areia da praia (nessa época morávamos em Ilhabela, São Paulo). As dificuldades foram vencidas e as sequelas quase imperceptíveis.

Assim foi crescendo nossa filha, sempre sorridente, amável e de um coração imensurável. Venceu todas as etapas da infância, dos estudos e, quando nos demos conta, já cursava o Ensino Superior – 3º ano de Administração, em uma Universidade.

No dia 5 de julho de 2014, logo cedo, antes de sair para o estágio de trabalho, uma pequena queixa: 'Pai, não estou me sentindo bem, um mal-estar'. Diante da fala, minha primeira atitude: 'Filha, vamos para o hospital'.

Entre ela aceitar ser levada para o hospital, pois achava que o mal-estar passaria rapidamente, passaram-se uns minutos e ela desmaiou em minhas mãos. Imediatamente, aos gritos de socorro e com ajuda de uma vizinha, já estávamos no carro. Minha esposa não estava em casa, pois acompanhava meu pai, que estava internado, vítima de um infarto.

No carro, em aproximadamente 4 minutos, chegamos ao pronto-atendimento do Hospital Regional de Taubaté. Difícil momento. Do lado de fora, eu, minha esposa, que se encontrava no hospital, e os parentes, que iam chegando, aguardávamos o atendimento e as providências. Muito aflitos, rezando, pedindo a Deus, esperávamos que o atendimento fosse rápido e a Caroline se restabelecesse.

Depois de uma hora e quarenta minutos, veio a triste notícia. Fomos chamados a uma sala e uma equipe médica, sem praticamente saber como agir, disse-nos: 'Fizemos tudo o que tinha que ser feito, mas infelizmente ela não resistiu, teve um infarto agudo do miocárdio e partiu...'

Que dor, meu Deus, que tristeza, que impotência, saber que nossa única e amada filha partiu, prestes a completar 21 anos, pois faria aniversário em 28 de agosto.

Nossa filha havia nos deixado! Momento mais doloroso de nossa vida; não sei se existe dor maior para os pais do que viver esse momento.

Um mês antes, Caroline tinha feito uma série de exames, inclusive os cardiológicos apontavam normalidade, sem sinais de algum problema que merecesse maior atenção. Não havia nada naquele momento e até hoje que justifique o acontecimento.

Assim partiu nossa filha. Na despedida final, seu rosto brilhava, seu amor transcendia o lugar. Naquele local, no momento mais difícil de se viver, o amor de Deus figurava em sua face sorridente, o brilho da Virgem Santíssima era evidente.

Hoje, a Carol encontra-se face a face com Jesus. Nós aqui ainda caminhamos para que um dia possamos viver o amor pleno. Não é fácil, dói muito, mas é na esperança, na fé, nos braços de Jesus e da Virgem Santíssima que vivemos cada momento.

É na força dos irmãos em Cristo, dos familiares, em especial, minha cunhada Cleide, a Nena, também madrinha da Carol, a Cíntia, que encontramos colo, para muitas vezes chorar, recordar e ouvir: 'Olhem, eu caminho com vocês; a Carol foi e será uma bênção para vocês e para nós, sempre estaremos aqui, para ajudar no que for preciso'.

Que alegria saber que Deus nos manda anjos. Nossa gratidão a Deus por nos dar o maior presente, nosso eterno amor, a Caroline. Gratidão por Ele ter nos dado a oportunidade e a graça de sermos seus pais aqui na terra e na eternidade, o que tanto almejamos.

Obrigado, Jesus! E nos perdoe pelos muitos períodos de fraqueza e desespero."

**Natalia de Castro e Marcio Vilela,
pais da Cecília de Castro Bertti Vilela**

"No dia 18 de abril de 2015, nasceu a Cecília, nossa primogênita. A história de nossa filha Cecília é envolvida em muito amor. Com ela, experimentamos o maior dos amores. Um amor puro, incondicional e divino.

Cecília foi uma criança muito desejada. Desde que descobrimos que ela viria, vivemos intensamente cada momento, desde o primeiro ultrassom, a primeira vez que ouvimos seu coração, o primeiro movimento etc. Até seu nascimento, quando a sentimos, cheiramos, acariciamos e amamos.

Ela nasceu saudável, estava crescendo e se desenvolvendo. Por onde eu passava com ela, chamava a atenção das pessoas, pois tinha uma luz própria. Após 5 meses e 10 dias de vida, no dia 28 de setembro de 2015, ela se foi.

Sem muita explicação, Cecília teve uma complicação de saúde, não identificada pelos médicos que a analisaram, que a levou embora. Sua vida foi curta, mas longa o suficiente para mudar a nossa. Nossa filha veio para nos salvar. A vinda dela nos trouxe o amor de Deus, e a partida nos trouxe a proximidade com Ele.

Ela nos ensinou e ainda nos ensina muitas coisas, pois até hoje aprendemos com a saudade. Mostrou-nos como a vida é frágil e como nem tudo o que é breve é menos belo ou pouco intenso. Com ela descobrimos ainda mais o valor da família, dos amigos e da oração. Cecília nos ensinou a sermos pais, a formarmos uma família de verdade. Aprendemos que amar exige compaixão e que as pessoas mais importantes de nossa vida sempre estiveram a nosso lado. Aprendemos a aceitar as diferenças, a valorizar ainda mais o matrimônio e a importância de conviver e partilhar a vida com um companheiro que nos complete.

Acima de tudo, ela nos trouxe para perto de Deus. Foi o anjo que nos ensinou a sentir a presença de Deus em nossa vida. Por mais difícil que seja conviver com a saudade, aceitaríamos enfrentar essa dor apenas pelo prazer de viver tudo o que vivemos a seu lado.

Somos abençoados por tê-la em nossa família, e sabemos que, embora não possamos vê-la, podemos sentir que ela olha por nós e sabemos que um dia nos reencontraremos por toda a eternidade. Cecília foi um anjo, que nos foi emprestado para recebermos sua luz e sentirmos esse amor imensurável que nos mudou; por isso, seremos sempre gratos a Deus por essa salvação."

Rodolfo e Neusa Souza, pais do Luis Gustavo

"Luís Gustavo Ribeiro Souza é uma estrela que brilha no céu; nasceu em 16 de setembro de 1986. De todas as alegrias que experimentei na vida, o nascimento de meu filho foi a maior delas, senti-me mãe e mais responsável, pois aquele ser humano tão pequeno dependia tanto de mim, quanto amor havia entre nós. Foi um bebê desejado e amado.

Com três meses de vida, ele teve uma infecção e duas vezes por dia tinha que tomar injeção. Para nós, um casal muito jovem, foi muito difícil, mas ele reagiu muito bem.

Ao completar 1 ano, fizemos uma festa de pipas e em sua lembrancinha estava escrito: 'Hoje, faço um aninho, começo a sonhar e serei como as pipas, livre, livre a voar', e assim ele viveu, sempre livre.

O tempo passou e, chegando à adolescência, Gustavo tornou-se muito independente; sempre foi um garoto bom e responsável, cuidava de sua irmã Vanessa e nunca nos deu trabalho.

Aos 14 anos, seu pai lhe deu dinheiro e ele comprou um cavalo, foi quando tomou gosto pelo animal. A partir desse dia, sua vida era de manhã na escola e à tarde cuidando de seu cavalo, cavalgando e, às vezes, jogando bola.

No dia 9 de outubro de 2005, Gustavo saiu cedo e foi tratar do cavalo, quando voltava para casa, foi atropelado na Rodovia SP-50, uma tragédia. Ficou cinco dias em coma. Foram cinco dias de muita angústia, esperança, oração e entrega.

Acredito que Deus fez o melhor, pois ele não merecia ficar sofrendo neste mundo, Deus só levou o que era dele de direito.

Partiu no dia 14 de outubro de 2005, e seu falecimento causou a maior dor que senti em toda a minha vida. O sonho foi interrompido, o coração ficou dilacerado, a ausência do físico é enlouquecedora. Como podemos achar que somos donos das pessoas? Na verdade, criamos nossos filhos para a vida.

Após todo o ocorrido pude enxergar o quanto Gustavo era querido e amado por todos; tinha tantos amigos, e eu nunca havia percebido, pois ele era um garoto muito reservado, e eu achava que ele não tinha amigos.

Nossa vida, desde a partida do Gustavo, nunca mais foi a mesma. É muito difícil continuar sem nosso filho. Vivemos pelos que ficaram e temos nossa missão neste mundo. O Gustavo nos ensinou muita coisa, e vimos que o que vale a pena mesmo neste mundo é o amor, a amizade e Deus acima de tudo.

A saudade dói, dói porque o coração transborda de amor. Hoje, só temos a agradecer os 19 anos e 28 dias que o Gustavo fez parte de nossa vida, e pedimos que ele interceda junto a Nossa Senhora Aparecida por nós, que estamos tão longe e tão perto de nosso filho.

Depois da partida do Gustavo para a Vida Eterna, fizemos um propósito de todo dia 14 rezarmos o terço para Nossa Senhora Aparecida, de quem o Gustavo era muito devoto, e até hoje, com a graça de Deus, não falhamos nenhum mês, isso há 14 anos.

Sempre que nos perguntam: 'Quantos filhos vocês têm?' Respondemos: 'Dois, um no céu, o Gustavo, e a Vanessa, nossa filha muito amada aqui na terra'.

Na verdade, os filhos são como as pipas. Nós lhes ensinamos a voar, mas não voaremos seu voo. Porém, em cada voo, em cada sonho e em cada período da vida deles, permanecerão para sempre os rastros de seus ensinamentos na nossa.

Nunca colocamos em dúvida o amor de Deus por nós e vivemos um dia de cada vez, esperando sempre o dia de nosso reencontro.

Essa estrela, que hoje ilumina o céu, jamais será esquecida. Estará eternamente em nosso coração, Rodolfo e Neuza, seus pais, e sua irmã Vanessa.

Assim foram os dizeres de sua lembrança entregue na missa do sétimo dia: 'No dia 16 de setembro de 1986, comecei minha cavalgada nesta terra, fui sempre amado e abençoado por meus pais e familiares. No dia 14 de outubro de 2005, terminei essa cavalgada terrestre e iniciei minha cavalgada para a Vida Eterna. No colo de Nossa Senhora, intercederei por todos vocês'."

Roberto e Maria Furlan, pais do José

"José Roberto Furlan, nosso querido filho, grande no tamanho, mas com coração de menino.
Sua chegada, em 19 de março de 1976, foi uma grande bênção para todos nós. Nasceu no hospital da Aeronáutica de Belém, forte, lindo e saudável, para nossa alegria e principalmente de sua irmã, Patrícia, que já tinha 5 anos e, desde esse dia, passou a ser sua protetora e uma espécie de anjo da guarda. Sua infância transcorreu dentro da normalidade, em ambiente acolhedor e cercado de muito carinho e proteção. Os sete primeiros anos de vida de nosso filho foram passados em Belém. Em 1983, fui transferido para uma unidade de Recife, PE, localidade de belas praias e tudo de bom que o Nordeste pode oferecer.
Moramos em Recife por nove anos. Nesse período, nosso filho curtiu bastante sua adolescência. Foi uma época muito feliz para nossa família, principalmente para ele.
Em 1992, fui transferido para São José dos Campos, SP. Nessa época, nossa filha havia se casado e morava em Itajubá, MG.
Em fevereiro de 2014, foi confirmado um linfoma com alto grau de agressividade nos exames do José Roberto. Esse sofrimento toda a família sentiu. Após lutar bravamente contra esse terrível mal, José Roberto descansou em Deus no dia 10 de setembro de 2014, deixando órfão o Enzo de 4 anos, a quem amava. Deixou também sua esposa Daniela e um casamento de 10 anos. Acreditamos firmemente que ele está muito bem do outro lado, livre das dores e do sofrimento impostos pela doença.
Eu e minha esposa, Maria, passamos por um tratamento psicológico para suportar todo esse problema. A religião também ajudou muito nessa caminhada, por meio de orações e grupos de participação familiar, dos quais participamos até hoje.
Só Deus para nos confortar."

Agnaldo e Sueli Arigone, pais do Juninho

"No dia 25 de julho de 1994, nasceu Agnaldo Arigone Junior. Veio com muita saúde e era muito danado.
Passamos muitos momentos felizes, mas ele cresceu e veio a diabetes, descoberta quando ele tinha 13 anos. Procuramos,

sempre, dar o melhor a ele. Veio a adolescência, com isso, mais cuidados, que sempre tivemos com nossos filhos.

Também não conheço outra pessoa que dê um abraço tão gostoso como ele dava. Era o melhor abraço do mundo e, além de tudo, ele tinha o sorriso enorme; lembramo-nos desse sorriso todos os dias.

No dia 23 de setembro de 2014, Juninho infartou e partiu para a casa do Pai. Sentimos saudades sempre, uma saudade forte que dói, machuca e aperta o peito. A única coisa com a qual tentamos nos confortar é saber que agora ele está ao lado do Pai, em um lugar maravilhoso, sem sofrimentos ou dor.

Deixo abaixo palavras escritas por ele, das quais sempre procuramos lembrar: 'Não existe problema na vida que justifique a tristeza! Não importa a situação, devemos sempre estar com um sorriso no rosto, um objetivo na vida e uma motivação para viver'."

Marcia Soares e Cláudio Missel, pais do Leonardo

"No dia 15 de dezembro de 1994, nasceu Leonardo Soares Missel, trazendo muitas alegrias e, também, um sentimento que eu não sabia que existia dentro de mim, um amor enorme, exagerado, a ponto de viver e até morrer por aquela pessoa linda.

Leonardo foi uma criança muito amável, compreensiva, companheira, e foi assim durante toda a sua breve vida. Era anjo; quando não podíamos atender suas vontades, ele mesmo dizia: 'Não, pai, quando você puder você me dá'.

Tornou-se adolescente e continuou sendo uma pessoa maravilhosa e meu melhor companheiro; espelhei-me muitas vezes em seu comportamento.

Por ser anjo, Deus o quis de volta. No dia 10 de novembro de 2013, como que se despedindo, passou algumas horas com sua mãe e depois comigo. À noite, fomos surpreendidos com a notícia de seu acidente, ficou em coma induzido por seis dias e, no dia 16 de novembro, ele se foi.

Até hoje, sentimos muita dor e tristeza por causa de sua ausência, mas assim quis o Senhor! E querendo Deus, um dia, estaremos juntos outra vez."

Magda Carla e Rafael Ferreira, pais da Mayara

"Vou contar minha história. Chamo-me Mayara Heloisa Celestino Ferreira (meu primeiro nome é uma junção de nossa família, MA- Magda, YA- Yasmin e RA- Rafael). Meu pais estavam se preparando para casar, seria em agosto de 2016, e, de repente, eu estava chegando com o casamento, foi só felicidade. Meus pais se casaram e mudaram-se. Minha irmã estava animada e sempre falava comigo na barriga.

Em dezembro de 2016, minha mãe foi fazer um ultrassom para ver se estava tudo bem, ela sabia que tinha algo errado. Após alguns exames, o resultado foi que eu não estava mesmo bem, fui diagnosticada com a Síndrome 13, minha expectativa de vida foi reduzida para meses, depois de passar por cirurgias e um montão de coisas.

Meus pais ficaram arrasados, toda a família não sabia o que fazer. Um dia, minha mãe recebeu a ligação da ONG Pequenos Corações. Eles acalmaram meus pais, disseram que era preciso muita fé e muito amor, porque, infelizmente, a medicina não conseguiria me ajudar, meus pais só deveriam me dar amor.

Em janeiro, quando minha mãe completou sete meses de gestação, resolvi nascer, era muito pequena, tinha má-formação. Minha mãe ficou em trabalho de parto durante três dias, ela sentia muita dor, contrações, sangramento; meu pai ficou a meu lado, cuidando da mamãe, mas somente após uma cesárea eu nasci. Chorei um pouco e me levaram para a UTI; não pude beijá-los, não pude sentir o calor deles.

Minha mãe cochilou e sonhou com a bisa (vó da mamãe, que havia falecido em setembro, logo após o casamento), ela estava comigo, andando de mãos dadas. Minha mãe acordou e correu para me ver lá dentro da caixinha, as médicas aproximaram-se e contaram que eu não estava bem. Minha mãe voltou ao quarto, chamou meu pai, e juntos ligaram para a família, pediram orações a Nossa Senhora Aparecida para que viesse me buscar. Eu estava com dor e não gostava nada daquela caixa. Sei que para meus pais foi difícil, pois a Mãezinha Aparecida atendeu os pedidos e me buscou no dia 22 de janeiro de 2017.

A mamãe encontrou dentro do Grupo de Reflexão Filhos no Céu um lugar para descansar, apoiar-se, um lugar calmo de oração e vida.

Eu, Mayara, resolvi pedir ao Pai um irmão para a mamãe e para o papai, assim eles parariam de chorar, ou ao menos, o coração deles pararia de doer tanto, e eu poderia descansar e curtir minha bisa. Minha mãe ficou esperando o Miguel, que nasceu saudável, lindo, um anjo, e é muito amado."

Stela Pinheiro e João Bosco, pais do Renan

Era 12 de agosto de 1996, quando o Renan Pinheiro de Lourenço, apressadamente, aos 8 meses de gestação, chegou, por meio de parto normal. Trouxe uma série de novidades para o papai João, o irmão Andrey e a mamãe Stela.

Renan nasceu com pés tortos congênitos, por isso recebeu, aos seis dias de vida, seu primeiro par de gessos.

O tratamento foi um processo difícil, que se estendeu até os oito anos, com sete cirurgias nos pés e pernas e longas fisioterapias, tudo realizado na AACD.

Nesse intervalo, quando tinha apenas sete meses, uma avaliação neurológica nos trouxe outra novidade e mais uma luta: Renan tinha uma má-formação congênita nos sulcos cerebrais à direita, que naquele momento era perceptível em sua força motora do braço esquerdo.

Renan chamava a atenção porque, nesse período de idas à AACD, ele tinha uma preocupação de levar mais dois ou três carrinhos para brincar com os amiguinhos, enquanto esperava pelo tratamento.

Foram anos de fisioterapia e terapia ocupacional e duas cirurgias nas mãos. Essa má-formação também trouxe a dificuldade de aprendizagem na fase escolar. E como fomos percebendo, ele seria sempre guerreiro, o que foi realmente confirmado quando, aos cinco anos, mais um diagnóstico: epilepsia. Mais um desafio que sempre foi acompanhado e cuidado bem de perto, por todos nós.

Ele era determinado e responsável, a cada prova, trabalho escolar, vinha a superação de uma criança que nunca lamentou, chorou ou revoltou-se com suas particularidades. Cada batalha que ele venceu, certamente, transformou a ele e a todos nós.

Recebeu injustiças, foi alvo de preconceitos e chacotas, mas jamais deixou que isso mudasse seus olhos de amor diante da vida e das pessoas. Era ativo, nadava, adorava andar de bicicleta, jogar bola. Era um jovem cheio de vida e tinha pressa de conquistar, amar e viver.

No início da primavera, dia 25 de setembro de 2012, aos 16 anos, Renan partiu de repente, sem aviso e sem um até logo, roubando nosso chão e fazendo com que nossa vida perdesse um pouco do brilho, que só ele colocava.

Até hoje, não sabemos o que o levou; a ciência humana não explicou. A saudade é ainda infinita, pois faltam seu riso solto, a gargalhada única, as brincadeiras, a alegria, que inundava a casa e qualquer lugar onde ele estivesse.

O que não falta é o amor, pois esse ele deixou em cada um de nós, o amor que o definia e ainda o define. O amor que revigora a fé e que nos faz saber de sua morada no céu, onde as batalhas terminaram e onde ele certamente está em paz e feliz."

"... Acho que tudo sobre o amor me define." Renan Pinheiro Lourenço – *Essa frase foi encontrada tempos depois de sua partida e era como ele se definia no Facebook.*

Marta e Paulo Mendes, pais do Vinícius

"No dia 7 de dezembro de 1981, nasceu nosso amado Vinícius Machado Mendes. Sua chegada foi uma maravilhosa bênção, gratificante missão, soma de um amor puro, verdadeiro e a realização de um sonho, momento único carregado de emoções e alegrias. Nossas maiores lembranças são de seu sorriso, que era sua marca registrada da felicidade.

Cumpriu com muito respeito, carinho e amor, o importante papel de filho, esposo e pai e foi uma referência na vida da família. Com ele aprendemos a dar mais valor aos momentos e a vivê-los como se fossem os últimos, evidenciando sempre o amor e os bons sentimentos sobre todas as outras coisas.

Vinícius estava com plena saúde, tinha muitos planos a serem concretizados, mas sua vida foi interrompida aos 29 anos, no dia 1 de setembro de 2011, em um acidente de trabalho.

Agora o que nos resta é a saudade. A saudade é parte da ausência, parte do amor, ela tem realidade, mas quem a tem sente dor, uma imensa dor, que cresce no coração e que jamais se esquecerá, o sentimento que não adormece por alguém que não está!"

Sandra Francisco, mãe da Lidiane

"Lidiane Regina Francisco, Lidy, é minha primeira filha. Nasceu no dia 1 de outubro de 1987, saudável, a alegria da família. Eu só tinha 19 anos nessa época e tive que aprender a cuidar de um bebê.

Meu bebê cresceu feliz e com saúde, logo veio o irmão Gu, cresceram juntos. Depois veio o Elder e já não pude mais trabalhar, ficava em casa cuidando deles, foi uma época difícil. Éramos felizes e para completar essa felicidade veio o Lelê e, depois, a caçula Lívia. Lidy sempre cuidou dos irmãos, eles a respeitavam muito por ser a mais velha.

A Lidy gostava de estudar, fez o técnico em engenharia mecânica. Nessa época, foi difícil estudar o dia inteiro porque, às vezes, faltava o lanche para passar o dia e, outras vezes, era a o dinheiro para a passagem, mas ela nunca desistiu. Houve um momento em que ela conheceu uma amiga que a levava para almoçar em sua casa. Depois de tempos, entendi que Deus nos ampara.

Logo conseguiu um estágio, começou a trabalhar com o pai na mesma empresa em que ele trabalhava. Sempre foi nosso orgulho.

Veio a primeira cirurgia, ela fez redução do seio; ficou, mais ou menos, 10 horas em cirurgia. Ficamos apreensivos, parecia que íamos enlouquecer com aquela demora. Graças a Deus minha filha ficou bem e se recuperou.

Passados uns três anos daquela cirurgia, ela nos falou da bariátrica, a princípio, ficamos bravos, e ela nos falou que essa ia ser diferente, mais rápida, e nos contou como seria.

Após a cirurgia, veio pra casa e parecia que estava tudo bem, passou o dia bem, mas de madrugada não conseguia dormir e a levamos ao hospital. Chegando lá, foi direto para a UTI, ela foi entubada e, após 5 dias, na tarde de um sábado, no dia 15 de fevereiro, aos 26 anos, minha Lidy foi embora.

Só o tempo para nos ajudar a passar o desespero de perder alguém que amamos. Só Deus para nos ajudar a superar a perda. E o que ficou foram as lembranças do quanto fomos felizes juntos.

Guardo com carinho esta frase dita por ela: 'Carrego vocês na pele, no coração, na mente e em tudo. Amo vocês, Lidy'."

Lázara Pereira, mãe do Vitor Emanuel

"Com nosso sacramento matrimonial, chegou no dia 15 de outubro de 1965 o primeiro fruto de nosso amor, Vitor Emanuel Ribeiro Pereira, nome escolhido pelo pai.

Sua infância foi linda; era um menino sensível, alegre e amoroso. Como em nosso caminho sempre encontramos pedras e flores, a adolescência do Vitor Emanuel foi marcada pela dependência química, o que foi um abalo para a família.

Nesse sofrimento não quero me deter, mas sim colher as flores da alegria desse filho. Apesar de sua dependência, era muito carinhoso, e sempre se esforçou na esperança de vencer a droga, a qual foi mais forte que ele.

Prefiro testemunhar a Graça de Deus que nos iluminou, dando-nos sabedoria para lutarmos juntos. Preocupada, sabendo que meu filho andava por caminhos escuros e perigosos, recorri a Nossa Senhora, pedindo sempre: 'Sede Mãe de meu filho, onde eu não posso ir'.

Não dá para citar, nesses trinta anos de luta, quantas vezes senti a presença e proteção de Maria. Assim iniciei uma novena a Nossa Senhora das Graças. Em minha intimidade com Maria fui ousada, o que peço desculpas, pois pedi a ela que me desse uma solução antes de terminar a novena. E, no último dia da novena, eu estava velando meu filho, tão fragilizado, que foi covardemente agredido até a morte. Foi vítima e mártir da droga...!

Naquele momento, lembrei do silêncio daquela mãe aos pés da Cruz, pedi que intercedesse a seu filho Jesus por meu filho Vitor Emanuel, pois creio que o motivo da morte de meu filho foi a graça de Deus e não a desgraça.

Agradeço também ter encontrado o Grupo Filhos no Céu, que me recebeu com sorrisos e carinho; partilharmos a dor da saudade e a alegria da Ressurreição.

Dias antes da partida de meu filho, sentia que ele estava em paz. Confirmando isso foi quando chegou em mim e disse: 'Escrevi esta súplica para Deus, mas como é minha vou ler para a senhora: 'Pai, se minha oração soar como hipocrisia, interesse ou autopiedade ou outro sentimento, que não seja gratidão, suplico que escute tais pedidos ou considere como um pedido de perdão. Ensine-me a viver dias felizes que me propõe e que não os vejo pela cegueira de meu coração'.

A vida de meu filho foi como uma vela acesa com uma bela chama, cujo sopro pertenceu a Deus. 'Onde o pecado aumentou, transbordou a Graça' (Rm 5,20-21)."

Dona Nazaré e senhor Lucio Cintra, pais da Célia e da Salete

Dona Nazaré e senhor Lucio são duas pessoas fortes, que, cheias de vitalidade, participam dos encontros do Grupo Filhos no Céu, demonstrando fé, amor e resignação diante do fato de serem precedidos no céu por duas filhas. O casal relata de forma breve a partida de suas filhas.

"Célia Cintra, nascida em 18 de julho de 1966 e falecida em 15 de agosto de 2002. Casou-se em 1982, teve duas filhas, Sabrina e Karina. Seis meses após o nascimento de sua segunda filha, sentiu-se mal e descobriu que estava com a pressão alta, fez o tratamento, e foi diagnosticada com problemas renais. Como o tratamento para esses casos era a hemodiálise, começou a fazer o procedimento, durante dois anos, até conseguir o transplante dos rins. Foram encontrados dois doadores compatíveis, pai e filha, a equipe de transplante optou pela filha, devido à idade (órgãos mais saudáveis). Foi realizado o transplante com grande sucesso em Campinas, SP. Viveu assim durante 12 anos, mas com 36 anos partiu para a eternidade."

"Salete Cintra, nascida em 18 de setembro de 1963 e falecida em 18 de setembro de 2005, vítima de uma tragédia. Salete era proprietária de um pesqueiro. Na noite de seu aniversário, em que completaria 42 anos, quatro bandidos invadiram seu estabelecimento. Ela permaneceu umas quatro horas sobre fortes ameaças, mas não houve agressão física. Logo após a saída dos bandidos, Salete foi socorrida por vizinhos, que a levaram ao hospital. Durante o atendimento, Salete veio a falecer."

Ilma Frânio, mãe da Vanessa

No dia 30 de novembro de 1983, nasceu Vanessa Frânio Maria, uma criança desejada e amada pela família. Primeira filha, neta e sobrinha, foi uma criança que trouxe a união de todos os membros da família, até mesmo dos familiares mais distantes.

Era muito ligada à família, principalmente a mim, que fui sua rainha. Era assim que se dirigia a mim.

Amava o trabalho, os amigos, a arte de fotografar, o time Corinthians e de reunir-se para fazer festas.

O tempo passou muito rápido, e, quando menos esperávamos, surgiu uma doença que levou nossa Vanessa, nossa princesa, para junto de Deus.

Tudo foi muito rápido. Em 28 de fevereiro de 2012, passou mal e foi internada. Dia 8 de março saiu o resultado, era uma leucemia, e ainda dizia: 'Estou no campeonato, calma, minha rainha'.

No dia 16 de março de 2012, Vanessa veio a falecer, porém sempre serena, dizia o tempo todo: 'Calma, mãe, amo você'.

Foi nesse momento que descobrimos o que é a dor da despedida. Cada um viveu sua dor em particular, não demostrando a imensa saudade.

Deus ensina para aqueles que têm fé que nada acontece em nossa vida sem uma explicação. Aprendemos que Jesus é o único conforto, a paz de que necessitamos. Temos certeza que Deus fez a Vanessa um ser único, especial e insubstituível.

Hoje, pela misericórdia do Senhor, participo do Grupo Filhos no Céu."

Áurea Miranda Intrieri, mãe do Carlos Alberto

"Meu filho Carlos Alberto Intrieri nasceu no dia 9 de setembro de 1959, forte e saudável, com quase quatro quilos.

Apesar da vida difícil e de muito trabalho, aquele menino enchia nossa vida de alegria. Quando estava com seus três anos e meio, chegou também seu irmão José Claudio, que ocupou todo o seu cuidado e amor.

Certo dia, José Cláudio, começando a dar seus primeiros passos, conseguiu descer três degraus e ir para o quintal, para brincar em uma tina cheia de água, reservada para molhar as plantas.

Brincando com a água quase caiu nela. Carlos, com seus cinco anos, foi ajudar seu irmão, e, segurando-o pela roupa, gritava: 'Mamãe, acuda o nenenzinho', sem força, ele balançava o irmão na borda da tina, e este soltava a água que havia engolido.

Quando o peguei estava quase desmaiado, com a Graça de Deus, o Carlos Alberto salvou o irmão, que hoje cuida de mim.

O sonho do Carlos Alberto era ser aviador, então foi para Natal fazer o curso de piloto, onde formou-se e saiu como tenente da Base Aérea.

Nossos momentos eram as viagens que fizemos pelo Brasil. Certa ocasião, na porta de um restaurante, uma senhora de idade pedia comida. Vendo o garçom mandando-a sair da porta, ele levantou-se dizendo: 'Não consigo ver isto'. Foi até o balcão, preparou uma marmita e deu a ela.

Seus gestos de caridade marcaram muito, fazendo-me ter mais orgulho desse meu filho.

Em uma viagem adquiriu uma doença que o levou rapidamente, e assim, no dia 8 de abril de 1998, aos 43 anos de idade, Carlos partiu para a casa do Pai."

Maria Aparecida e Ivanildo Virgílio, pais do Rafael

"No dia 29 de julho de 1987, nasceu Rafael da Silva Virgílio, um presente de Deus em nossa família. Sua alegria contagiava todos.

Aos três anos de idade ele me fez parar de fumar. Desde pequeno, gostava de participar das missas e, assim, ele foi nos ensinando cada dia mais sobre Deus. Ele nos ensinou a rezar o Terço e nos mostrou o valor da Eucaristia. Ele amava o mar e a natureza, via Deus em todas as coisas.

Com nove anos de idade, ficou internado com pneumonia e derrame no pulmão. Por um milagre, foi curado. Chegando do hospital, ele pediu para cantar no coral da igreja Coração de Maria. Em apenas um ano, aprendeu a tocar violão e outros instrumentos. No dia dos pais, tocou pela primeira vez na missa, enchendo nosso coração de alegria.

Com 18 anos nós oferecemos a ele um presente, e ele escolheu uma viagem para Porto Seguro. Seriam sete dias de passeio, mas no 3º dia ele entrou no mar e se afogou. Veio a óbito, no dia 4 de outubro de 2005.

Tivemos que buscar nosso filho em Porto Seguro, foram tempos difíceis. Porém, nunca perdemos de vista as lições que nosso próprio Rafael nos ensinou acerca das coisas de Deus. E em Deus e na Eucaristia encontramos força para superar a dor da perda. E, hoje, apenas agradecemos a Deus esse anjo em nossa família."

Elizabeth Aparecida Ribeiro, mãe da Hellen

A Elizabeth resolveu deixar uma lembrança escrita pela própria filha: a Hellen Cristina Ribeiro Barbosa Gallo nasceu no dia 4 de abril de 1987 e deixou este mundo no dia 8 de março de 2018. "E assim eu chego aos 30 anos, não do jeito que eu gostaria e muito menos como imaginava, mas do jeito que Deus preparou para mim.

Quando 2016 despedia-se eu só conseguia pensar em quanta coisa já vivi e, mais ainda, quantas eu gostaria de viver. Fiz mil planos, promessas e pedidos, e, hoje, agradeço ter prevalecido a vontade divina.

Não corro mais pela vida como antes, atropelando o que poderia ser vivido. É preciso dizer o que o coração pede antes que as emoções se dispersem, é preciso que o abraço não fique para uma próxima vez.

E assim, o câncer me trouxe uma nova vida, justo no ano em que completo 30 anos. Acredito que isso não seja coincidência, acredito que eu precisava viver com intensidade e Deus me deu uma oportunidade para isso acontecer.

Tanta coisa deixei passar. Deixei de falar. Deixei de viver. Tantas pessoas que deixei ir sem dizer adeus, e tantas vezes eu fui sem ao menos olhar para trás, tanta história pela metade.

Hoje, agradeço a nova chance de recomeçar, de pedir perdão e de perdoar, assim a vida se completa, assim a vida se refaz. E se tive medo de morrer? Sim, mas ficou insignificante perto da intensidade que foi viver 30 anos em 3 meses.

Ontem orava, fazia pedidos, hoje somente agradeço.

Ontem queria o mundo para mim, hoje só quero que o mundo ainda me queira um pouco mais."

Hellen Cristina Ribeiro Barbosa Gallo

ANEXO

DA CARTA ESCRITA POR SÃO LUÍS GONZAGA A SUA MÃE

(Acta Sanctorum, Iunii, 5,578) (Séc. XVI)

Cantarei eternamente as misericórdias do Senhor.

Ilustríssima senhora, peço que recebas a graça do Espírito Santo e sua perpétua consolação. Quando recebi tua carta, ainda me encontrava nesta região dos mortos. Mas agora, espero ir em breve louvar a Deus para sempre na terra dos vivos. Pensava mesmo que a esta hora já teria dado esse passo. Se é caridade, como diz São Paulo, chorar com os que choram e alegrar-se com os que se alegram (cf. Rm 12,15), é preciso, mãe ilustríssima, que te alegres profundamente porque, por teus méritos, Deus me chama à verdadeira felicidade e me dá a certeza de jamais me afastar de seu temor.

Na verdade, ilustríssima senhora, confesso-te que me perco e arrebato quando considero, em sua profundeza, a bondade divina. Ela é semelhante a um mar sem fundo nem limites, que me chama ao descanso eterno por um tão breve e pequeno trabalho; que me convida e chama ao céu para aí me dar àquele bem supremo, que tão negligentemente procurei, e me promete o fruto daquelas lágrimas, que tão parcamente derramei.

84

Por conseguinte, ilustríssima senhora, considera bem e toma cuidado em não ofender a infinita bondade de Deus. Isto aconteceria se chorasses como morto aquele que vai viver perante a face de Deus e que, com sua intercessão, poderá auxiliar-te incomparavelmente mais do que nesta vida. Esta separação não será longa; no céu nos tornaremos a ver. Lá, unidos ao autor de nossa salvação, seremos repletos das alegrias imortais, louvando-o com todas as forças de nossa alma e cantando eternamente suas misericórdias. Se Deus toma de nós aquilo que havia emprestado, assim procede com a única intenção de colocá-lo em lugar mais seguro e fora de perigo, e nos dar aqueles bens que desejamos dele receber.

Disse tudo isso, ilustríssima senhora, para ceder ao desejo que tenho de que tu e toda a minha família considereis minha partida como um feliz benefício. Que tua bênção materna me acompanhe na travessia deste mar, até alcançar a margem onde estão todas as minhas esperanças. Escrevo isto com alegria para dar-te a conhecer que nada me é bastante para manifestar com mais evidência o amor e a reverência que te devo, como um filho a sua mãe.

ÍNDICE

Aceito continuar minha vida | 3
Apresentação | 5
Introdução: o desafio da fé no luto | 9

I. Grupo Filhos no Céu | 13
    Uma família nascida segundo a misericórdia de Deus | 13
    Renatinha, a essência da missão do Grupo Filhos no Céu | 16
    A experiência do amor de Deus na maior de todas as dores | 18
    A dor do luto na inversão de ter um filho no céu | 22

II. Vamos falar sobre o luto | 29
    Mas o que é o luto? | 29
    A morte como uma dimensão da fé | 32
    O reverso do tempo, o que se vive depois da morte? | 36

III. A dor da perda de um filho:
relatos do blog Filhos no Céu | 43
    Confiança no amor e na misericórdia de Deus | 43
    Como compreender a partida de um filho? | 45
    Amor e gratidão pelo dom da vida do filho | 45
    Respostas não acabam com a saudade | 47

IV. PALAVRAS QUE CONSOLAM | 49

Aprendendo a viver a partir do luto | 49

"Abandono em Deus" | 51

Quando faltam as palavras,
o Espírito Santo clama a Deus por nós | 52

Até quando vai durar essa dor? | 54

V. Cartas dos pais ao Grupo Filhos no Céu | 57

Anexo: Da carta escrita por São Luís Gonzaga a sua mãe | 83

Este livro foi composto com as famílias tipográficas Dunbar, Caviar Dreams, Segoe e Times New Roman e impresso em papel Offset 75g/m^2 pela **Gráfica Santuário.**